地銀衰退の真実
未来に選ばれし金融機関

Osamu Namikawa
浪川　攻

PHP
Business Shinsho

PHPビジネス新書

はじめに

裏目に出た地銀の「乗り切り策」

2017年末、銀行業界の色合いが一挙に変わった。

すでに、その年の春、三井住友フィナンシャルグループがデジタル技術を駆使する国内部門の事業改革を打ち出し、その実現に向けて着実に動き始めていたが、それを急追するかのように、三菱UFJフィナンシャル・グループとみずほフィナンシャルグループが同様のデジタル化戦略を打ち出し、その効果として人員削減という収益上の「果実」を具体的な数字で公表したからだ。それぞれ、2023年までに6000人、2028年までに1万9000人という規模である。

それらを発表した両グループのトップは、戦略の意味するところは事業構造改革であると強調したものの、銀行業界ではその通りに受け止める向きは少なかった。むしろ、自然減という方式で生み出される人員削減の具体的な数字に反応し、「銀行は厳しい状況にある」ということを再確認するムードに覆われた。再確認というのは、すでに厳しさを全国の銀行員が肌身で味わっていたからである。

もっとも、たとえば、「10年間で1万9000人」という長期計画に確実性があるとは思えない。わが国の経済、あるいは金融事情は10年先まで予想できるほど視界が利いているわけではない。むしろ、1年先すらも不透明と言える。それにもかかわらず、10年先まで数字を目標化し、それを信じるというのは、旧ソビエトの計画経済のような時代錯誤的な話である。

しかし、発表後、吟味されないままに人員削減の数字は踊り、銀行員は狼狽した。狼狽の心理は当事者のメガバンクだけではなく、全国の銀行員に広がった。

その背景は何か。多かれ少なかれ、大半の銀行員が先行きに対して不安感を抱いていたからに違いない。

なかでも各地の地域金融機関は疲弊する地元経済を見続けている。

人口・事業所数の減少に歯止めがかからず、なかには基幹産業までも衰退傾向にある地域すらある。そこで地域銀行のなかには、地元地域から他県や首都圏へと進出し、地元経済の縮小による劣勢を挽回しようとする動きが、この数年にわたって強まっていた。

首都圏では、大企業が実施する資金借入の入札において、メガバンクが驚くような低レートで落札し、融資を実行してきたし、あるいは、相続税率の引き上げを契機にして、不動産所有者に対する相続税対策のアパート・賃貸マンション建設ローンを積極的に売り込んだ。

また、運用難をカバーするために、有価証券運用を強化し、国内株式から外国債券、さらにはデリバティブで組成された仕組み商品にまで投資する動きに出たものの、残念ながら、多くのケースで損失を抱え込むという事態にもなっている。

一方、営業現場では、劣勢を挽回するために策定された営業目標が次第に現実感覚を失って、営業現場には過大な重圧になってきている。その結果として、過剰な営業目標の達成努力に消耗した若手銀行員の離職が誘発され、かえって現場力の弱体化を招くような形にすらなってきている。

離職までいかずとも、全国の地域銀行では、転職サイトに登録し、離職の準備をしている若手銀行員が少なくない。

つまり、地域銀行がこの間、打ち出し続けた厳しい環境の「乗り切り策」は、決して好ましい結果をもたらしているとは言えそうもないのが現実である。

過去最大級に悪化する経営環境

しかも、乗り切り策を断行しなければならない厳しい経営環境は、これからも続く見通しにある。

地方経済の桎梏《しっこく》となっている人口・事業所数の減少は、よほど画期的な施策が実行されない限り、歯止めはかからないだろうし、銀行の伝統的収益と言える資金利益の源泉である利ざや（運用利回りと資金調達利回りの金利格差）の悪化が近いうちに解消する期待感はもてそうもない。

その背景にある日銀の量的緩和政策、マイナス金利政策が見直される見通しはないからである。

同政策がもたらすと期待されている物価上昇、経済の好循環という正の効果はなかなか得られず、むしろ、地域銀行が収益悪化に苦しむという負の効果、つまり、副作用のほうが着実に強くなっているが、正の効果が生まれない限り、政策が見直される可能性は低いだろう。

とすれば、これから地域金融機関は、そのような極寒の経営環境で生き抜くしかない。金融庁が繰り返し発している「持続可能なビジネスモデルの構築」である。

金融事情が土砂降りになれば、一般庶民には、金融機関を通じて、それは金利の違いなどで不公平に降り注ぐことになるが、金融機関には悪天候は平等に生じている。したがって、同じ環境のなかで自身が生き残れる道を模索するしかないが、それは前述したようなルートではなく、他のルートということになる。それが「持続可能なビジネスモデル」にほかならない。

金融庁がその必要性を繰り返しているのは、監督官庁として、持続可能なビジネスモデルが構築されたとは考えられないという意見表明でもある。

地域金融機関の場合、金融事情は共通であっても、立脚基盤である地域の特性には相違点があり、したがって、一律に語ることはできない。しかし、極寒の環境は全国的に訪れている。ましてや、それに重なるように、デジタル技術を駆使して新たな金融サービスをバーチャルチャネルで提供するフィンテックプレーヤーが雨後のタケノコのように出現し始めた。

経営環境は競争条件という面から、過去になかったほどに複雑化してきている。

なぜ信金・信組の評価が高まっているのか

果たして、この先、伝統的な金融業はどうなっていくのか――。

そのカギを探り出さないといけないタイミングである。この観点から、注目され始めているのが、一部の信用金庫・信用組合の取り組みにほかならない。

わが国は長らく、高度成長を続けてきたなかで、規模の大きさが最優先される価値とみられてきた経緯がある。成長願望が規模の大きさに対する憧れと、「規模こそ正しい」という価値観を生んだとも言える。

そうしたなかでは、信金・信組などは中小金融機関と言われて、格下のように扱われてきた面があることは否定できない。

しかし、大きな経済、社会的な変革が訪れるたびに、既存の価値観は崩れ去り、新たな価値観が築かれる。

1930年代の金融恐慌は多大な社会的犠牲を生んだが、不透明で業者の利益の場でしかなかった金融に庶民の感覚が初めて導入される契機ともなった。その事実をエコノミストの三國陽夫《みくにあきお》氏は「清濁併せ呑むという『業者の世界』から生真面目に正邪に黒白をつける『大衆の世界』へ時代が変わった」と、自著『市場に聞く！　日本経済・金融の変革』（東洋経済新報社）で記している。おそらく、このような劇的な価値観の再構築がこれから起きるのである。

実際、欧米では2008年9月に発生した巨大な金融危機であるリーマン・ショックの後、わが国の信金・信組などの理念型の経営形態である協同組織金融機関に相当するクレジット・ユニオンへの評価が、過去にもまして高まっている。そのエッセンスは、小規模の金融機関ほど、利用者に密着して、利用者とともに生きているということへの再評価にほかならない。

「Big is Excellent」かもしれないのだが、「Small is Necessary」でもあるという価値観ではないか。庶民にとっては、Excellentよりも、日常、役に立ち、信頼できる金融機関のほうが大切であることは言うまでもない。

このような激変期のなかで、自身のレーゾンデートル（存在理由）を再確認し、その依って立つ価値観は何かを見極めたプレーヤーが、次の時代に挑戦する権利を得るように思えてくる。意欲的に活動する信金・信組は、それを端的に自身の行動で物語っている。

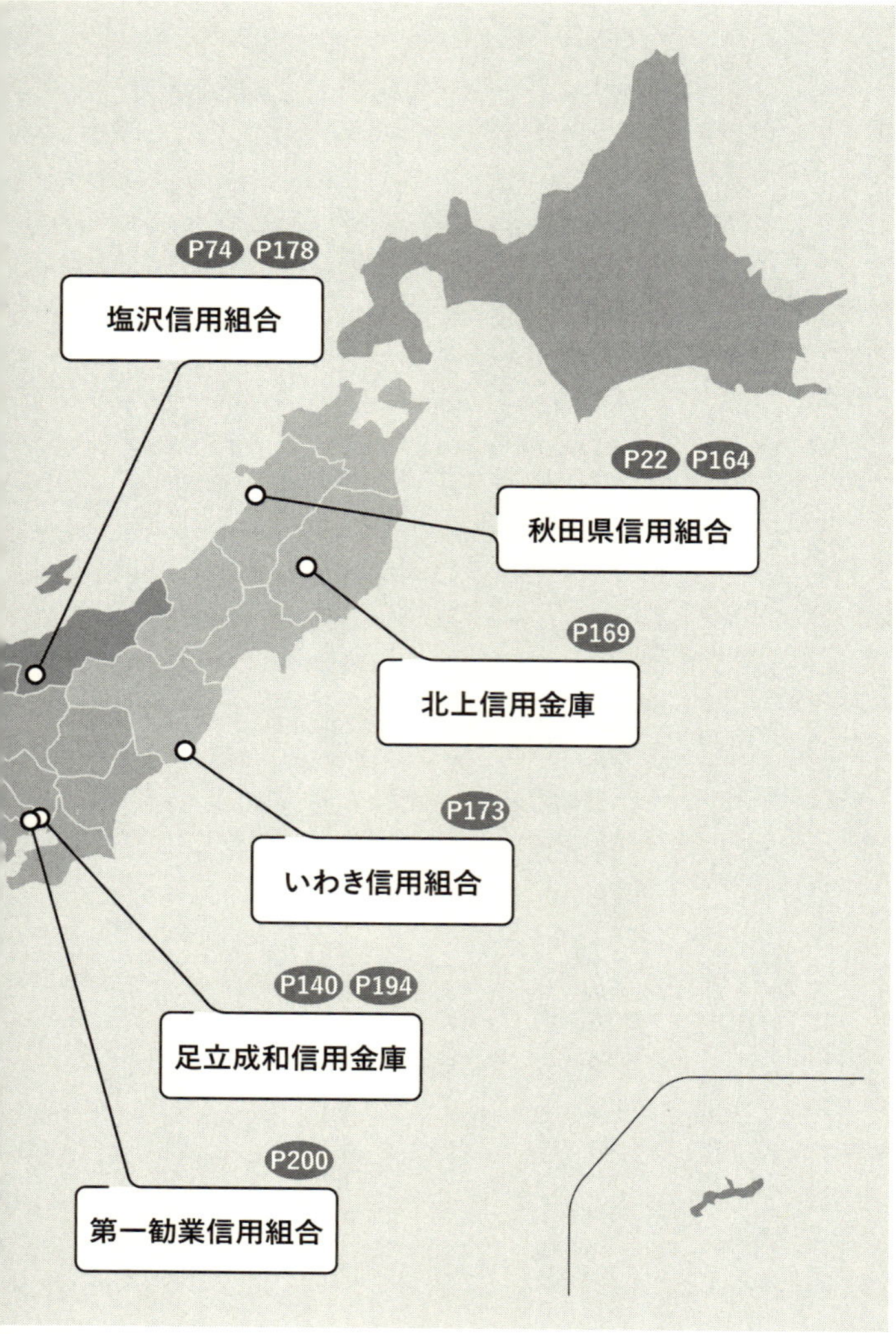
P74 P178
塩沢信用組合
P22 P164
秋田県信用組合
P169
北上信用金庫
P173
いわき信用組合
P140 P194
足立成和信用金庫
P200
第一勧業信用組合

■本書に登場する主な地域金融機関

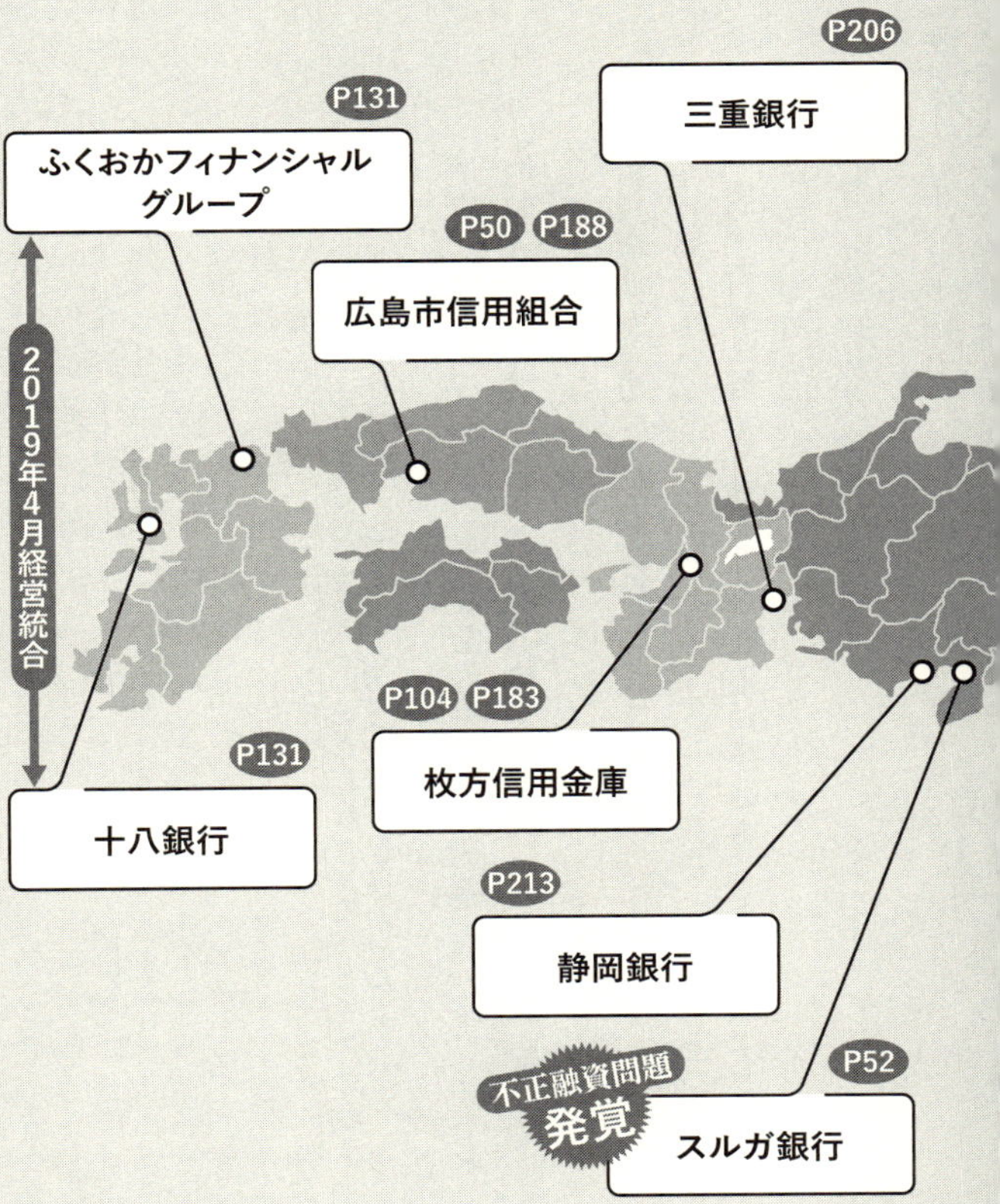

地銀衰退の真実◆目次

はじめに 3

第1章 地銀と信金・信組、なぜ差が付いたか

逆風に向かって舞う秋田県信用組合の「竿燈」 22
地域衰退に直面も「ホジなし、魂入れれ」 24
冬の厳しさまで笑い話に 26
新規事業支援から農業体験研修まで 29
銀行員たちの厳しい実情 31
「マイナス金利」が輪をかけて追い詰める 33
目先の利益確保が先決 36
止まらない貸出増強 37

30年経っても変化が乏しい構造的問題……39
逃げ道のある地銀と、逃げ道のない信金・信組……41
地銀を頂点とする地域の金融ヒエラルキー……43
信金・信組の疑似銀行路線が示した結論……46

第2章 相次ぐ不正と「地銀神話」の崩壊

早朝に役員会議……50
スルガ銀行問題の驚くべき内幕……52
「ローン金利が高いが、必ず貸してくれる」……54
過剰な融資ノルマが現場のプレッシャーに……56
あまりにお粗末な経営陣……58
アパマンローン膨張の背景……61
債務者にも多大な痛み……64
レオパレス問題が及ぼす影響……66
金融債の消滅で露呈した脆弱さ……67

預金力に対して大きく見劣りする信用創造力……69
証券会社にとって都合の良い「お客さん」……71

第3章 過剰な「ノルマ主義」がもたらした歪み

街の人たちはすべて知っている金融機関……74
突然の「営業ノルマ撤廃」……76
「ノルマ化」で窮地に陥った三井住友銀行……77
量から質へ、奥正之氏による改革……80
メガバンクはまだマシ……83
含み益を吐き出さざるをえない地銀……85
ノルマ達成だけが正義とされる世界……87
戦後復興の流れで生じた地域銀行の「役割分担」……89
地銀が信用力を誇示していた時代……91
預金獲得を優先する営業が仇に……93
「預超体質」を補った金融債も、バブル崩壊とともに消える……94

量を追求するも、即効的な「手数料稼ぎ」で凌ぐ日々 96
ノルマがないと現場が動かない状態 98
現実離れしたノルマ主義は百害あって一利なし 100

第4章 地域に「選ばれし金融機関」の条件

保育所なのに、外見が金融機関!? 104
駅前店舗が共働き世帯の助けになる 105
「地域とともに栄える」から「地域の衰退のなかでもがく」に 108
地域銀行の雄　ウエルズ・ファーゴ 109
買収されるもスーパーリージョナルバンクに変貌 111
買収戦略が奏功し、ゆるぎない地位を築く 112
リーマン・ショックから8年後に訪れた「ショック」 114
巨大化と経営能力の格差が招いた大量不正 115
職員による不正はなぜ起きたか 117
「地域金融機関の使命」を問うた金融庁長官 120

「意気込みや主体性が感じられない」…… 122
「ミニ銀行」路線を反省した信金・信組…… 124
ミニ・メガバンク化の道に進む地銀…… 127
消耗戦を避けて「引き分け」に持ち込む…… 128
異例ずくめだったFFGと十八銀行の経営統合…… 131
地域サービスの質が低下しかねないリスク…… 132
経営統合が地域経済の疲弊に拍車をかけることも…… 134
ウエルズ・ファーゴの教訓…… 135

第5章 「原点」を見失った地銀に未来はあるか

信金が企業のインターンシップを主導…… 140
ためらう経営者を説得…… 141
費用は信金持ち…… 143
信金・信組が存在感を高めていく可能性…… 145
地銀のような「逃げ場」がない…… 146

地銀の営業マンが、信金・信組の顧客を標的に……149
ネット化する銀行とは対照的な信金・信組の成り立ち……151
原点が明確ではなかった地銀……153
余裕がないから汗をかき続ける……155
デジタライゼーションで営業現場は変わるか……157
エドワード・ジョーンズのビジネスモデルを目指せ……160

第6章 いま注目の信金・信組はここだ

秋田県信用組合
「秋田愛」あふれる新規事業……164
理事長自ら融資先を視察……164
どじょうの養殖事業のために東京へ……166
北上信用金庫
地域おこしは食のリデザインから……169

「ユキノチカラ」プロジェクト……169
待ちから攻めの商売に転換……171

いわき信用組合

震災に負けず汗を流し続ける……173
「私たちは、すべてのお客様の顔を知っていますから」……173
社会関係資本に基づく活動……175
「地元で就職」を条件にした返済不要の奨学金制度……177

塩沢信用組合

経営者をやる気にさせる「10のプロジェクト」……178
個人の借金まで肩代わり……179
雪国なのにマンゴー……180

枚方信用金庫

「つなぐ、つなげる、つながる」全国初の取り組み……183
人口減少と高齢化を一度に解決する「巡リズム」……183
高齢者目線に立った仕組み作り……186

広島市信用組合
「捨てる経営」が融資のプロを育てる……188
群を抜いて高い預貸率……188
融資の可否は速やかに……189
災害時に存在感を発揮……191
通算12回のローラー作戦……192
足立成和信用金庫
都内の「お菓子王国」が若者を呼び込む……194
中小零細事業と深いかかわり……195
お菓子のセット販売で取引先の課題を解決……196
地域経済エコシステムの好例……199
第一勧業信用組合
「セールス禁止令」から始まった「芸者さんローン」……200
あなたのローン商品……200
縦横無尽の積極展開……202

終章 地域金融に託された希望

三重銀行が取り組む「ごまの産地化」プロジェクト…… 206
「地域の将来をデザインする力が求められている」…… 208
ビジネスマッチングサービスから創業塾まで…… 210
地域の声を吸い上げるキーマンたち…… 213
地銀の非上場化も手段のひとつ…… 215

おわりに 218

第1章

地銀と信金・信組、なぜ差が付いたか

逆風に向かって舞う秋田県信用組合の「竿燈」

2018年の夏、全国各地を飛び回っていた。

8月3日朝は羽田空港から秋田へと向かった。秋田県信用組合の北林貞男理事長への取材であり、これはかなり早い時期から時間を割いていただけないかと依頼していたものだった。その求めに応じてくれて同理事長が指定してきたのが、かなり先の8月3日という日程だった。

どうして、それほど先の日程なのか。

いぶかしく思っていた心中を察したのか、電話口で理事長が語ったのは、「宿は何とかするから」という言葉だった。8月3日夜、秋田市内の中心部では東北三大祭りのひとつである竿燈《かんとう》まつりが繰り広げられる。理事長はそれを見よというのだ。

「竿燈まつり？」

そのとき、私は写真やテレビの画像でしか見たことがない秋田の祭りの光景をボーッと頭に思い浮かべていた。そして、厄介なフリーランスの記者など、祭りに招待すればいいと思われてしまったのかと、瞬間、苦さを感じていた。でも、それは間違っていた。

秋田県信用組合は本部を秋田市に置く。同県内に15店舗を設置し、理事長以下１３0名ほどの役職員がいる。信用組合業界のなかでも、どちらかといえば小規模クラスである。

しかし、いま、金融機関の在り方が根底から問われているような時代にあって、俄然、この信組の取り組みが注目度を高めてきている。過去、東京と秋田で北林理事長から話を聞いた経緯がある。記事も書いた。

今回は、同組合が取り組んでいる地方創生の活動のその後を確認したかったのだが、そこまで言われれば、まずは秋田の夏の風物詩を見るしかなかった。

三階建ての古い建物である同信組本部にたどり着いたのは昼過ぎだった。建物の裏にある駐車場では、若手職員たちが10メートルもあるだろう竿燈を掲げていろいろな技を披露する「昼竿燈」の最中だった。

東北の夏特有の真っ青な空の広がりに向けて、緑色の同組合のロゴマークで彩られた40個ほどの提灯の竿燈が掲げ上げられ、そして、次々に担ぎ手の間を渡って、見事な芸を披露する。そのたびに、お囃子《はやし》の音色を消すほどに、見物人の間からは「わーっ」という歓声が上がる。

昼竿燈は、同信組のコミュニティ活動でもある。取引先や地域の介護施設などを回ったり、本部裏に招待席を設けたりする。お年寄りが椅子に座って、にこやかに若者たちの立ち姿を見つめて、声をかけている。こうして、担ぎ手は市内のメインストリートを練り歩く一大イベント、「夜竿燈」へと気持ちを高めていく。

提灯の重さで独特のしなり方で立つ竿燈を見上げていると、法被《はっぴ》姿の北林理事長が「いやいや、よく来たな」と笑顔を浮かべながら近寄ってきた。そして、竿燈を見上げながら、こう話を切り出した。

「竿燈の掲げ方にはコツがある。逆風に向かって上げていくのさ。そうさ。秋田県はどこでも逆風が吹き続けている。それに向かってさ、俺たちは竿燈を上げ続けているのさ」

そのとき、なぜ、北林理事長がわざわざこの日に来い、と言ったのかを悟った。

地域衰退に直面も「ホジなし、魂入れれ」

秋田県は人口減少率が全国ワーストワンであり、若者の県外流出も絶えない。20

１７年には県人口はついに１００万人の大台を割り込んで99万６０００人となった。福井県、和歌山県、鳥取県、島根県、徳島県、香川県、佐賀県という7県が、すでに県人口が１００万人の大台割れとなっていたが、秋田県が最も減少テンポが速い。

総務省の「国勢調査」では、１９８０年の県人口は１２７万７０００人である。37年間で約28万人の減少ということになる。

社会保障・人口問題研究所の「日本の地域別将来推計人口」（２０１８年推計）には、このままでいく限り、２０３０年には81万４０００人、２０４０年には67万３０００人まで県人口が落ち込むという未来図が描かれている。

ＴＤＫのように秋田で成長した企業も、東京や海外へと転出している。そうしたなかで、若者たちの県外流出に歯止めがかからない。なかでも同信組の主要地盤のひとつである仙北地域は厳しい状況にあった。

近年、いわゆる「増田レポート」（28ページ参照）が「消滅可能性都市」を取り上げたのを契機に、地域経済の縮小、そして、地域創生の必要性へと議論は盛り上がったわけだが、秋田県はそれよりも早くから地域の衰退に直面してきている。しかし、だからといって、腕組みしているだけでは何も始まらない。自分たちは竿燈を掲げ上げるように、つねに逆風に立ち向かっている。

北林理事長が若手職員の雄姿を見守りながら言葉を続ける。

「秋田では、昔から『ホジなし、魂入れれ』という言葉がある。これ、東京の言葉では、『根性なし、気合を入れよ』ということだ」

気合を入れて、逆風に立ち向かっていると言いたいのだろう。竿燈まつりの熱いムードに勝るとも劣らない熱い響きがそこにはあった。

冬の厳しさまで笑い話に

北林理事長に初めて会ったのは、2017年3月だった。すでに度重なる取材を通じて懇意にしていただいていた東京の第一勧業信用組合の新田信行理事長から、ある記者会見の誘いを受けたのがきっかけである。記者会見とは、同信組など全国各地の9信組が共同で設立する農業ファンドに関する合同記者発表である。

そのなかのひとつが秋田県信用組合だった。同信組の独特の取り組みに関心を寄せていたこともあって、即座に、記者会見に参加することを決めた。

当日、第一勧業信組の本店で開催された記者会見には、珍しく、全国紙記者たちの顔もあった。こう言っては失礼だが、たいていの場合、信金・信組による記者会見の場は専門誌や業界紙の記者たちで埋め尽くされる。全国紙の記者たちは通常、「銀行」が取材対象だからだ。しかし、かつてない信組共同の農業ファンドの立ち上げとなると、やはり、違うのだろう。

10人ほどの経営者がズラリと並んで記者会見が始まった。ファンド設立の趣旨説明の後に、記者たちとの質疑応答という型どおりの進行である。１人の全国紙記者が手を挙げた。

「信組が農業ファンドを設立すると、地元のＪＡとのあいだでもめるのではないか」

往々にして、記者は発表内容の奥底にある考え方を聞くよりも、こうした対立構造に基づく質問をしがちである。というのも、それなりの知識を備えていないと、細かい専門的な問いはできず、頭に描きやすいのは対立劇だからだ。「対立している」「軋轢を生む」という話は書きやすく、かつ、目立つという面もある。

その質問に対して、「それでは私が答えますが」と声を発したのが、秋田県信用組合の北林理事長だった。

「いまは冬です。秋田県は冬になると、みんな、冬眠するので何もありません」

会場が笑い声に包まれたことはいうまでもない。私も笑いながら「なんという、すごい人なのか」と、思わず感心していた。ユーモアたっぷりの話し方で嫌味な相手を一瞬にして封じ込めてしまったからである。

以来、北林理事長にじっくりと話を聞きたいという思いが続いていた。そして、2017年末に秋田市内の同信組本部を訪れて、ようやく、その思いを果たすことができた。以後、約8カ月ぶりの秋田訪問だった。

前述したように、秋田県の人口減少は際立っている。しかし、その問題が一挙に全国的な話題になったのは、増田寛也氏が座長を務めた日本創成会議が2014年に発表した人口減少問題に関する提言、いわゆる「増田レポート」によってである。

その内容は衝撃的だった。従来の人口減少が継続するという前提を置いて地域別将来推計人口を2040年まで展望した結果、全国で896市町村が2040年までに消滅の可能性があるとしていたからだ。そのなかでも、最も消滅可能性都市が多かったのが秋田県にほかならない。

以後、秋田県は人口減少ワーストワンというレッテルが一般化し、人口減少問題となれば、必ず秋田県が取り上げられるという事態になっていた。しかし、秋田県の大変さは、「増田レポート」で始まったわけではない。それ以前から、ジワジワと人口は減り続けていたからだ。

新規事業支援から農業体験研修まで

そこには、同情すべき経緯もあった。秋田県は米作強化県とされ、農業が米作中心に導かれた時期があったものの、その後、国の減反政策の下で、コメ作りに傾斜した農業が逆噴射的に痛手とならざるをえなくなるという不幸を経験した。また、日本海側に位置していて、基幹産業を育てにくかったことが災いした面もある。

そうしたなかで、２００９年に発足した民主党政権が国家財政再建、効果のある財政政策という発想の下で打ち出したのが、「コンクリートから人へ」という路線だった。それまでの自民党政権の代名詞のひとつである道路工事などの公共事業を縮小していくという考え方である。

基幹産業に厚みがない秋田県では、公共工事への依存度は相対的に高い。それによって小規模の地元ゼネコンや土建業が生計を立てていた。もちろん、秋田県信用組合の顧客層にも、それらの業者がいる。

国家財政の立て直しは必要であっても、そうした事業者にとって、「コンクリートから人へ」という政策転換は死活問題に発展しかねない大問題である。

産業基盤が崩れて、県内経済、雇用環境が悪化して、若者たちの県外流出に拍車がかかりかねないからだ。そんな懸念を抱かざるをえない事態に対して、手を拱いているわけにはいかない。

そこで、秋田県信組が立ち上がった。2009年に理事長に就任して以来、職員たちに「状況打破の方策を考えよ」と言ってきた北林氏は、県内でも経済基盤が脆弱《ぜいじゃく》な北秋田地域で意欲のある経営者を集めて、勉強会を開始する。そのために、2010年、新規事業立ち上げを支援する組織を作り上げた。その名も「田舎ベンチャービジネスクラブ」である。

2014年の「増田レポート」の発表以後、政府が「まち・ひと・しごと創生本部」を設置して、全国津々浦々で地方創生の活動が始まるのだが、同信組はその動きよりもかなり早い時期から深刻化する地方の問題に真正面から取り組んでいた。

その具体的な取り組みと果実については、第6章で紹介するとして、ここでは、その取り組みを通じて、同信組の存在感が秋田県内で増したことだけは先に述べておきたい。職員たちも北林理事長の下で、やる気を高めている。同信組は現在、理事長の発案で新入職員の研修に農業体験研修を盛り込んでいる。ＪＡでもない金融機関が農業研修である。

さすがは秋田と言える話である。竿燈まつりで配った同信組の団扇《うちわ》にも、一方の面には竿燈まつりの写真が印刷されているが、もう一方の面は「農業体験研修」の写真である。広い農地をバックにして、同理事長と新入職員たちが笑顔で写っている。

＊　　＊

銀行員たちの厳しい実情

竿燈まつりの翌日、私は秋田空港から羽田への帰途についたが、そのまま、東京駅まで行き、高速バスで北関東に向かった。そして、その翌日、東京駅に戻ると、今度は新幹線で名古屋を目指した。

北関東、名古屋での用件は、各地の地銀に勤める若手銀行員との懇談会である。

彼らは、休日を潰してまでも、わざわざ集まってくれていた。北関東は３人、名古屋には８人の銀行員で、年齢は20歳代後半から30歳代前半の男女である。

初めのうちは、みんな、おずおずと話していたが、初対面のオジさんに慣れてくれたのか、次第にホンネを語るようになった。

そのほとんどが職場での悩みだった。誰でも仕事の悩みはあるし、さらにいえば、仕事は思うようにならないものである。とくに、銀行員の場合、大卒で銀行に入社し、研修後に初めて配属となった営業店、これを初任店というが、そこでの3年間ほどは半人前の扱いであるものの、2カ店目以降は、もはや甘えは許されない一人前の扱いとなる。

つまり、普通の4年制の大学を卒業した者は20歳代中盤を過ぎると、責任の重さに顔つきが変わってくる。これが伝統的な銀行の世界でみられてきた光景である。

したがって、悩みを抱えてグチのひとつでも言いたくなる年代の銀行員ばかりなのだが、話を聞くにつれて、簡単には聞き流せない気分になってしまった。その内容は想像を超える苛烈な営業現場の実情だったからである。

「退職する仲間がいる。私も転職を考えています」

入社8年目という男性がこう切り出した。彼はいま、営業店勤務が3カ店目だという。なぜ？　と尋ねると、間髪入れずに返ってきたのは「半年ごとに課される営業目標が現実離れして高いから」という答えだった。

他の男性もその話に追随した。

「とにかく、どんどん目標は高くなっている。それで同僚が辞めていくと、その同僚が残した目標が残った我々に上乗せされる。当初の目標ですら、現実的に達成できない数字であるにもかかわらず、それにさらに上乗せされるのだから、もう無理に決まっているのに、とにかく、目標だから取り組めと言われる」

集まった銀行員たちが異口同音に厳しい実情を吐露《とろ》し始めた。彼らは半ば、退職を決め始めている。いまは、その最後の決断に迷っているだけという様子である。

「マイナス金利」が輪をかけて追い詰める

それらの話を聞いて、私は数十年前の銀行事情を思い出した。まだ、金融自由化が緒に就いたばかりの時代である。銀行は高度経済成長の余韻のなかにあって、銀行員は預金獲得の営業に走り回っていた。彼らに与えられる営業目標は品目ごとに精緻に設定されていたが、メインはまだ定期預金だった。

それを達成すべく取引先を回っては、頭を下げて預金協力してもらう。獲得できずに営業店に戻れば、上司に説教され叱られる。しかし、取引先には何らかの余裕資金はあるもので、とにかく依頼し続けると、なんとか協力を得ることができた――。そんな話を思い出していた。

それが時の流れにともなって、預金ではなく、貸出や投資信託などに商品は変わったのだが、営業スタイルは何ら変わっていない。だからこそ、思い出したのである。

もちろん、地域銀行のなかでも、先進的と言われる銀行では、営業目標そのものを全廃したり、あるいは、本部が営業店に課す収益などの目標はグロスベースの合計額だけで、それをいかに達成するかは、営業店、つまり、支店長に一任するというスタイルに変えたりしている。しかし、それはごく少数にすぎない。少なくとも、彼らの話にはそう実感せざるをえない現実がにじみ出ている。

金融庁が地域銀行に対して、「持続可能なビジネスモデルの構築」を要請するようになって数年が経過している。それは本業と言えるビジネスが先細りの傾向を強めてきたからである。

もちろん、背景にあるのは、人口・企業数の減少による地方経済の縮小という事態である。それに追い打ちをかける形となったのが、日銀によるマイナス金利政策の発動だ。

同政策は、アベノミクスの一環として、2016年2月に導入された。

政府と日銀が共有する政策目標である「消費者物価指数の前年比2％幅の安定的な上昇」を実現するために断行した未曾有《みぞう》の量的緩和政策、いわゆる、黒田バズーカが期待された効果を発揮できずにいたなかで、次の一手として発動されたのがマイナス金利政策だった。

銀行が日銀に預け入れる日銀当座預金の付利（金利）を、一定額を超えた部分について、マイナス0・1％に設定するというものである。この政策が発動されるや、国内のあらゆる金利が一挙に下がり、10年物国債の利回りまでマイナス水準に押し潰される事態となった。もちろん、貸出金利も下がったが、その一方では預金金利をマイナスにすることはできず、文字通り、形だけのプラス金利が設定されている。

その結果、「預金で集めた資金を貸出に回して、その金利差で稼ぐ」という銀行の本業は、金利差である利ざやが一挙に縮小し、収益性が悪化してしまった。預金金利と貸出金利、有価証券運用利回りの差である総資金利ざやがマイナスに陥る銀行が増え続けている。

目先の利益確保が先決

地域銀行の場合、それが地元経済の低迷と重なってしまった。貸出量の伸び悩みと利ざやの悪化のダブルパンチを食らった格好である。

貸出量の伸び悩みは、たんに新規貸出が増えないという現象だけではなく、それでも、なんとか伸ばすために、貸出金利を他の銀行よりも引き下げて他の銀行の顧客を奪取するという「金利ダンピング」も助長した。

かつて実行した既存の長期貸出が満期の期日を迎えて、「折り返し」という更新のタイミングになるたびに、設定金利は引き下がる。低利振り替えと呼ばれる、貸し手が苦悩するプロセスである。

これによってストック資産の収益性は悪化し、かつ、他の銀行とのダンピング合戦で勝利したとしても、異様な薄利であるために、新規のキャッシュフローは先細りとなり、一挙に採算悪化のスパイラルが出来上がってしまった。

金融庁はマイナス金利政策の発動を想定していたわけでなくても、この収益性悪化のスパイラルは予想できていたに違いない。そこにマイナス金利が加わったのだから、いよいよ金融庁の「持続可能なビジネスモデルの構築」を求めるトーンは厳しさを増し続けた。

ところが、地域銀行の場合、持続可能なビジネスモデルの構築という長期的な取り組みに傾注するいとまはなかった。金融庁が打ち鳴らす警鐘に耳を傾けて実践していく余裕はなく、目先の利益の確保のほうが先決という、追い詰められた心境に陥ってしまったからである。

止まらない貸出増強

いきおい、本店を構える地元経済圏では、超薄利の利ざやで利益を稼ぐための貸出増強に向けた戦略が打ち出され、それがままならないなかでは投信、保険の販売手数料を積極的に積み上げるための過剰な営業目標が営業現場に課されるという状況が極まった。これは、本部が策定した半期（６カ月）の収益計画を前提において、その実現のために必要な貸出、投信、保険販売などの品目ごとの目標額である。

この方式は、銀行に限らず、かつては日本企業のあいだではオーソドックスと言えるような戦略だった。営業現場は、尻を叩けば、なんとか目標を達成してくるという考え方だ。少なくとも、目標を策定する本部には伝統的にその発想が続いていることを印象づける事態である。実際、あらゆる企業の営業部門では「決算期末前の押し込みセールス」などが行なわれて、実績が作り上げられていた。

そのために、営業現場では、支店長などのトップが営業担当者を呼んでは、担当者が策定した営業計画をチェックして、「これはどうなっているのか」「この数字はいまだに達成していないが、どうしてなのか」「無責任な計画だったのか」などと、計画のトレースという名のプレッシャーを毎晩のようにかけ続ける。

マクロ経済の成長率が高い時代はそれも可能だったと言える。しかし、成長率が鈍化している現在、このような尻叩き方式には限界が見えてきている。それにもかかわらずこのスタイルを継続すれば、営業現場ではビジネスが歪み、顧客支持は失われかねない。その一端が若手銀行員たちの話からはジワジワと伝わってきた。

一方、貸出増強に向けた動きは、地域銀行による首都圏への積極的な進出という現象も生んだ。

地元での落ち込みを首都圏での貸出増強でカバーするという動きである。

大企業・中堅企業の世界では、短期借入金の入札が行なわれている。既存借入金が満期を迎えて更新のタイミングになるたびに、入札の実施が銀行に通知される。そこに地域銀行の積極的な応札が目立ち始めてから、すでに10年ほどが経過したが、時の経過とともに、応札レートの低さが際立つようになった。

あるメガバンクの法人部長はこう説明する。

「入札の場合、われわれのような都市銀行などは、市場レート（ＴＩＢＯＲ《タイボー》、銀行間基準金利）にいくらスプレッド（利ざや）を上乗せするのかという闘いをしている。たとえば、市場レートに０・５％のスプレッドを上乗せする（ＴＩＢＯＲプラス０・５％）というようなやり方だが、地域銀行のみなさんは市場レートそのもので応札している。どうやって、採算管理しているのか、われわれとはまったく異なっているとしか思えない」

30年経っても変化が乏しい構造的問題

かつて、首都圏の大企業・中堅企業マーケットでは、大手銀行が組成したシンジケートローンの一部を地域銀行が買い取るパートアウト（売却）が目立っていたが、「いまは、パートアウトよりも、一本釣り的な融資姿勢が広がっている」と、別のメガバンク関係者は指摘する。

２０１９年の年明け以降、「地域銀行の低利攻勢はやや弱まってきた」という声もあるものの、その一方では、いまだに地域銀行による首都圏の新規出店は続いている。いまは、東京・江戸川区などがホットゾーンである。

こうした店舗進出の動きは30年ほど前にも際立った時期があった。ちょうど、バブル経済の時代である。そして、果敢に実行されたのが不動産所有者に対するアパート・賃貸マンション建設ローンだった。俗にいう「アパマンローン」である。

しかし、地価高騰による相続税増大への節税目的でのアパート・賃貸マンションは結局、乱造、供給過剰となり、バブル崩壊と相まって、入居率の低下と家賃の押し下げ圧力が同時に発生した。結果的に、事業者は家賃収入のキャッシュフローが先細った。揚げ句の果てに生じたのは、事業者による借入金の返済不能の続出だった。

銀行は不良債権を抱えて、債務者である多くの事業者は結局、担保設定した不動産を売却せざるをえなかった。それによって、銀行は貸金の回収という保全を行なったわけだが、やはり、銀行の批判を避けることはできなかった。そして、新規出店した店舗の撤退が相次いだのだった。

その約30年前と同じ動きが再び始まったのが、この数年のことである。その顚末については後述するとして、この事態をみるにつけ、結局のところ、変化の乏しさを感じないわけにはいかない。しかも、その間、人口減少が地方に行くほどに深刻化することは、かなり以前から想定されていたと言える。

政府機関の統計不正が露呈したが、そもそもあらゆる統計や経済見通しはきわめて不安定な要素で編み出されている。

そのなかでは、人口統計や人口見通しは長期的であっても、きわめて精度が高い。それにもかかわらず、現状をみるにつけ、その見通しから読み取れる将来像を真摯に受け止めることができなかったのではないかと思わずにはいられない。

逃げ道のある地銀と、逃げ道のない信金・信組

いまの深刻な人口減少は、純粋に基本的な経済構造問題として受け止めなければならないのだが、その一方では、数十年前から予想されていたにもかかわらず、それを放置し続けてきた結果でもある。

それを小規模でありながらもいち早く受け止め、地元金融機関としてそのための対

応に取り組んだのが、秋田県信用組合などの中小金融機関にほかならない。

地域銀行のなかでも、取り組みがなかったとは言わない。熱心に地元に尽くしている地域銀行もあるが、その一方では、地域銀行には地元経済圏の金融の柱であるという立場と同時に、首都圏進出という逃げ道があった。だが、営業地域が厳しく規制されている信金・信組には逃げ道はなかった。逃げ道がなければ、その地域で覚悟を決めるしかない。これは、地域銀行と対比するうえで決して軽視できない論点である。

しかも、規模の大きさは、マイナス金利政策というネガティブ環境のなかでは、かえって巨大なストック資産が大きく痛むという規模の負の効果がもたらされた面も見逃せない。

規模は経済面に順風が吹く環境の下では利益極大化への正の回転をもたらすことが期待できるものの、逆風下では利益減少という逆噴射につながらざるをえなかった。そこで、その穴埋めにエネルギーを集中的に費やすという行動が強まったように見える。地域経済のなかで圧倒的に巨大だからこその隘路《あいろ》である。

これは地域銀行にはあまりにも厳しい生存条件に違いないが、あえて言えば、人口統計、人口見通しを直視し続けていれば、これとは別の生き方の道が開かれていたように思える。しかし、多くの地域銀行の場合、その努力を怠ったのではないかと思わざるをえない。したがって、現にまた再びの道を歩んでしまった。

また再びの道は次第にその顚末まで「再びの道」になり始めている。

地銀を頂点とする地域の金融ヒエラルキー

そこで、同じ地域金融機関ではありながら、地域銀行と信金・信組はいかに異なるのかをここで説明しておきたい。

都道府県のうち、メガバンクが本拠地とする首都圏や大阪などの大都市部を除くと、その地域で圧倒的な存在感を誇示してきたのが地域銀行である。

なかでも、地銀と呼ばれる業態はほとんどが長い歴史を有している。一部には戦後に設立された「戦後派地銀」もあるが、過半は明治期の国立銀行条例で各地に発足した銀行を母体としている。

宮城県の七十七銀行、長野県の八十二銀行、新潟県の第四銀行、岐阜県の十六銀行等々、銀行名に数字が記されているのは、明治期に発足した銀行が第一銀行、第二銀行などのナンバー銀行だったことに由来している。八十二銀行がなぜ、八十二なのかといえば、長野県内の2つのナンバー銀行（第十九銀行と六十三銀行）が合併して、両者の和がその名称になったからである。

つまり、それほど歴史は古く、伝統のある銀行である。したがって、その道府県内におけるプレゼンスは絶大である。

その象徴と言えるのが、道府県の台所番と称される指定金融機関のポストにほかならない。道府県にとどまらず、道府県内の市町村の指定金融機関でもある。指定金融機関は、たとえば、地方債発行などの道府県による資金調達に中心的な役割を担っているほか、自治体のプロジェクトにも道府県のメインバンクという立場で参画する。

通常、それに次いで規模的に大きいのが第二地銀と呼ばれる業態である。第二地銀の沿革は、1951年の相互銀行法の成立にまでさかのぼる。

それ以前には、中小零細企業のあいだで利用されていた無尽組織だったが、戦後の資金需要拡大に対応して、相互銀行へと進化した。そして、1989年に相互銀行の普通銀行への転換が開始され、相互銀行法は廃止されるとともに、すべての相互銀行が普通銀行への転換を果たして第二地銀となったという経緯である。

したがって、前述の歴史のある地銀に比べて、一般に小規模であり、地域の存在感も地銀に次ぐ立場にある。

そして、この地銀、第二地銀に続くのが、信用金庫・信用組合という協同組織金融機関である。協同組織金融機関は、関東大震災、あるいは戦後の復興経済のなかで、銀行から十分に資金供給を受けられない中小零細企業が、自身の資金繰り確保のために寄り集まって設立した金融機関である。したがって、その経営理念は相互扶助である。欧米では、クレジット・ユニオンがこれに相当している。

つまり、地域の金融ヒエラルキーは、地銀を頂点として、第二地銀、そして、信金・信組へと降りてくる構造である。

一般的に言えば、規模的にも地銀が圧倒的に巨大であり、それに第二地銀が続いて、その下に信金、さらには信組が並ぶという図式となる。

企業取引の面からとらえると、地銀は地域の優良企業のメインバンクとして君臨し、第二地銀はそのような企業の準メインバンクか、あるいは、小規模企業を主な取引先とする。信金・信組は、中小零細企業のメインバンクであり、また、各街にある商店街を構成する商店などのメインバンクである。したがって、信金・信組は別名、コミュニティバンクと呼ばれてきている。

信金・信組の疑似銀行路線が示した結論

信金・信組という協同組織金融機関は、系統金融機関とも言われている。

これは、それぞれ、信金中央金庫、全国信用協同組合連合会という上部組織があるからだ。そのなかで、傘下の個別信金・信組が上部団体に預金する系統預金制度が設けられている。

1990年代に発生した金融危機では、信金・信組という小規模金融機関から経営危機が始まった。その過程において、多くの信金・信組が姿を消し、あるいは、生き残りのための合併統合が相次いだ。その結果、それぞれの金融機関数は大幅に減少している。

たとえば、秋田県信用組合は1990年に、北秋、鹿角、秋田商工という3信組が合併して誕生し、さらに2003年には大館信組も合併した。

もともとは、秋田県の一部をエリアとしていた複数の信組だったが、この経営統合を経て、2013年、秋田全域をカバーする金融機関となっている。

他の都道府県でも、金融危機などの荒波のなかで、信金・信組による同様の大同合併が繰り広げられた。

一方で、地銀、第二地銀は相対的に経営体力があり、一部で経営破綻や経営統合は起きたものの、多くは金融危機の波乱を乗り切っている。この違いもきわめて大きい。

地域銀行と信金・信組の相違点はまだある。

地域銀行は株式会社組織で、そのほとんどが株式を上場している。営利目的の企業である。ところが、信金・信組は1900年に制定された産業組合法に基づいた非営利の協同組織組合であり、会員・組合員が資金を拠出し合って、会員・組合員の相互扶助を重視して運営されている。銀行の株式への投資に相当するのは出資であり、取引開始の前提には出資がある。もちろん、非営利とはいえ、金融機関として健全経営するには一定の資本基盤は欠かせず、役職員たちの人件費も生ずるが、それを差し引けば、基本的に出資配当という形で会員・組合員に還元されていく。

1990年代以降、信金・信組が銀行経営、銀行ビジネスを模倣する疑似銀行化が広がった。疑似銀行路線とは、効率化路線だったが、結局、その路線は挫折した。

そして、業界再編の渦が生じて、その後には、協同組織性への原点回帰が起きていると言える。それは、地域に密着したコミュニティバンク路線である。それを着実に推し進めてきた信金・信組が近年になって脚光を浴びてきている。

地域銀行のなかにも、経営改革などを通じて、厳しい経営環境のなかで地盤をより強固にし、顧客支持を獲得している銀行もあるし、信金・信組のなかにも、時代の荒波に呑まれ続けて、右往左往している金融機関も厳然と存在している。

したがって、業態をまとめて一刀両断に結論づけることは正しいとは言えないが、それでも、近年、前向きな話題に上ってくるのはコミュニティバンク路線を一途に歩み続けている信金・信組である。

信金・信組が地域銀行よりも情報発信力があるわけではないにもかかわらず、なぜ、そうなのか。あるいは、この現象はいまの時代、そして、将来について何を示唆しているのだろうか。じっくりと考えてみる価値はあるに違いない。

第2章

相次ぐ不正と「地銀神話」の崩壊

早朝に役員会議

広島市信用組合を初めて訪れたのは2018年2月だった。内陸の山間部から風に運ばれて、広島市の中心部にも雪がちらついていた。

『週刊エコノミスト』の連載のための取材である。同信組は企業向け融資を伸ばし続けていることで知られていた。預金残高と貸出金残高の比率である預貸率はきわめて高く、「地元で集めたおカネは地元の企業に活かしてもらう」という資金の地域循環を徹底している。その実像を知りたい。これが取材の目的だった。

この経営路線を徹底させて、先頭に立って走り続けているのが山本明弘理事長である。白髪で声が大きい。背筋はピンと伸びている。迫力満点の人物である。

仕事の鬼と言えるのが山本理事長だ。ゴルフも飲酒もしない。毎日、22時ごろには就寝し、翌朝は3時台に起床する。そして、5時17分には出社し、5時20分にデスクワークを開始、そして、前日に営業店から本部に送られてきた日報に目を通していく。これが長年継続しているスタイルである。

その後、毎朝、6時45分に役員会議が開かれる。すでに同理事長は日報を隅々までチェックしている。融資案件の内容も頭に入っている。

同会議では融資案件の最終決裁が行なわれていく。「シシンヨー」という愛称で呼ばれている同信組のモットーである「融資案件は３日以内の決裁」は、この早朝の役員会議があってこそ実現されている。

しかし、ここにはもうひとつ、重要な意味がある。大口与信先の融資案件を毎日、役員会議で決裁するということは、すべてにおいて、理事長以下、本部の役員たちが責任を負うことを意味しているからだ。

「赤字、繰越欠損金、債務超過でも排除はしない。真剣に経営している顧客の相談があればきちんと話を聞いて、融資の可能性を考えていく」

山本理事長のこの基本路線を営業現場が徹底して、支店長以下が取引先を走り回っているのは、「地元で集めたおカネは地元の企業に活かしてもらう」という考え方が組織に浸透し、本部の責任態勢が明確に築かれているからでもある。

広島市という中国・瀬戸内経済圏の中核都市を主要地盤としている強みがあるとはいえ、シシンヨーの順調な成長には目を見張るものがある。規模的な成長もさることながら、収益の成長は圧倒的であるとすら言える。

預金残高に貸出金残高が占める比率である預貸率（期中平均ベース）は２０１６年度が84・33％であり、２０１７年度は85・60％となった。

貸出の伸び悩みが全国的に指摘されているなかで、この預貸率の高さは群を抜いている。これは、毎朝開く役員会議による社内に向けた明確な意思決定、責任の明確化をベースにして、営業現場が徹底的に営業エリアを訪問し続けて、取引先企業の相談に乗り、悩みを聞くという金融機関が本来担っている役割を果たしているからこそ達成できている。

信金・信組という協同組織金融機関は、営業エリアの制限が厳しく課されており、経営地盤の経済がいかに低迷していても、その他の地域に乗り出すという選択肢はない。いわば、逃げ場のない背水の陣で闘っている。

地域金融機関は「地域とともにある」という理念を掲げているが、まさにシシンヨーは地域とともにあることを示し続けている。

＊　＊

スルガ銀行問題の驚くべき内幕

広島を訪れたちょうどそのころ、首都圏では、ある事件が勃発していた。東京・銀座に本社を構える不動産会社、スマートデイズ社の経営危機である。

同社はシェアハウスを建設し、それに投資を募ってサブリース（不動産転貸）方式で賃料を投資者たちに還元するシェアハウスビジネスをしていた。ところが、同社は２０１８年1月25日、女性専用シェアハウス「かぼちゃの馬車」の投資家、つまり、シェアハウスオーナーに対する賃料支払いを突然、停止したのだった。

同社は4月9日、東京地裁に民事再生法の適用を申請したが、同月18日には申請は棄却され、保全管理命令が地裁から出る。

そして、5月15日、破産手続きの開始が決定された。

シェアハウスオーナーたちへの賃料支払い停止の直接的な原因は、同社に融資を続けてきた静岡県の地銀、スルガ銀行が融資をストップさせたことにあった。

入居者が支払う家賃に基づいて、サブリース方式でオーナー（投資者）たちに賃料を支払うというのは建前で、実態としては、スルガ銀行からの借入金で賃料の一部を支払うという自転車操業のような資金操作が行なわれていた結果、スルガ銀行からの融資が途絶えると、間もなく、スマートデイズ社は賃料支払い能力を喪失した。

言うなれば、投資したシェアハウスオーナーは、スマートデイズ社の甘言に乗せられたのだが、本当の深刻な問題が露呈するのはこれからだった。

スルガ銀行はスマートデイズ社向け融資のみならず、シェアハウスオーナーたちに対してもその投資資金を融資していたからである。2018年5月15日、スルガ銀行はその実態を発表した。シェアハウス案件向け融資の総額は2035億8700万円にのぼり、資金借入している債務者数は1258人に達するという内容だった。

「ローン金利が高いが、必ず貸してくれる」

しかし、この一件で驚かされるのはまだ先のことだった。その後、スルガ銀行の危機管理委員会（委員長　久保利英明弁護士）と、それに続く、第三者委員会（委員長　中村直人弁護士）による調査を通じて浮かび上がってきたスルガ銀行の実態は、想像をはるかに超えた不正の山だったからである。

9月7日に公表された第三者委員会の調査報告書は本文だけでも321ページに及ぶ大量の調査事実が記されていた。その詳細さにおいて、おそらく、歴史に残るような調査報告書である。

ここでは、そのエッセンスを記すにとどめるが、要するに、スルガ銀行では近年、組織ぐるみの不正行為が蔓延していた。

シェアハウスビジネスのディベロッパーに対する融資の不正はもとより、その物件に投資したシェアハウスオーナー向けの融資にしても、本来の融資基準からすれば融資を謝絶してしかるべき人たちにまで、自己資金を水増しするなどの審査関係書類の改ざんが銀行員主導で行なわれ、融資が実行されていた。

投資物件関係資料にしても、サブリース契約を偽装し、現実的な家賃設定額の見込みを超えた家賃を設定し、建物の検査済証や確認済証の偽造も疑われるような案件まで第三者委員会は把握している。

要するに、ディベロッパーと銀行が結託する形で砂上の楼閣のようなインチキビジネスが積み上げられていた状況が明らかにされたわけである。

スルガ銀行は、岡野喜太郎によって1895年に設立された。岡野家が代々、社長を務めてきた経緯がある。静岡県では、大御所の静岡銀行が存在していることもあって、県東部の沼津市に本店を構えるスルガ銀行は、静岡県と同じように神奈川県にも店舗ネットワークを張り巡らせ、首都圏でも積極的にビジネスを展開してきた。

元来、独自路線の銀行として知られ、各種の個人ローンに力を注ぐ一方で、外国人向けの海外送金ビジネスに取り組んだり、あるいは、他の銀行が敬遠したゆうちょ銀行とも住宅ローンで提携したりと、独特の経営ぶりをみせていた。

しかし、それとは別に、不動産ディベロッパー向けや投資用不動産向けの融資にも積極的であり、地域銀行が次第にアパート・賃貸マンション建設向けの融資を首都圏で積極展開するようになった2012~2013年ごろから、この分野でも同銀行の存在がひときわ目立つようになっていた。

投資用マンション投資などに過熱感が漂い始めた5年ほど前から、ときおり、不動産投資愛好家などが開設したブログをチェックしていたが、それらのなかには、明らかにスルガ銀行と分かる銀行について記されているものもあった。「〇〇〇銀行はローン金利が高いが、必ず貸してくれる」といった感じである。

それらを読む限り、スルガ銀行がかなり積極的にアパマンローンを展開しているという感触が得られていた。

過剰な融資ノルマが現場のプレッシャーに

スルガ銀行は収益意識が極めて強く、実際、地銀のなかできわめて高い収益力を誇っており、銀行員の給与水準の高さも話題になっていた。これは、実績を大きく反映した給与体系がしかれていたからでもあった。

そうしたなかで、同銀行がシェアハウス案件に傾斜していくのは時間の問題だったとも言える。そして、首都圏の店舗を中心として、関係書類の改ざん、偽装を重ねた不正融資が蔓延《まんえん》することになっていった。

第三者委員会の調査報告書を読むと、その背景に過剰な融資ノルマ、営業現場でのノルマ達成に向けた異様なほどのプレッシャーがあったことが理解できる。そして、もうひとつ見えてくるのは、営業部門に丸投げといえるほどの経営陣の無責任ぶりである。取締役会などは機能していなかったと言っても過言ではない。

営業部門を管掌する執行役員が審査部門のウォーニング（警告）を握りつぶして、とにかく、融資の実行に向けて、営業現場の尻を叩きまくった。その一面を報告書はこう記している。

「各営業拠点、個人ごとに営業目標を設定し、その達成に向けて執行会議やセンター長会議などで（営業目標の）進捗状況のトレースと叱咤激励が行われ、拠点レベルでは、『案件表』を作成させ、その具体的な達成に向けた指示、叱咤激励がなされていた。当委員会が実施したアンケートにおいても、多数の行員が精神的圧迫を受けたと回答している。なかには『数字ができないならビルから飛び降りろ』と言われたという回答もあった」

報告書では「叱咤激励」という表現にとどめているものの、実際には恫喝まがいだったことは容易に想像がつく。そして、善良な銀行員たちもそんな追い詰められ方をされるなかで次第に感覚がマヒし、不正を犯してまでも数字を挙げるという行動に傾いていったわけである。

その後の調査では、不正行為はシェアハウス案件にとどまらず、収益性不動産案件に広がっていることも判明している。結果として、スルガ銀行は、役職員の引責辞任、そして、1000億円超という巨額の貸倒引当金繰入を迫られて、2018年度決算では、巨額の純損失の計上を余儀なくされている。自業自得の顚末とはいえ、おそらくこの先、単独で生き残る道は途絶えかけていると言える。

あまりにお粗末な経営陣

あらためてスルガ銀行事件をとらえ直してみると、シェアハウス投資案件のおびただしい不正行為を犯すという銀行として突飛すぎる事件ではあるものの、その温床はすでにあったように思われる。

それは、著しい実績主義に傾いた評価・給与体系やノルマ達成へのプレッシャーを歯車とする営業態勢である。

そこに深刻なほどのパワーハラスメントが加わって、スルガの銀行員たちは半ばマインドコントロールのような精神状態に陥ってしまったと言える。

その証拠に、報告書にもあるように、内部通報制度は整えられていても、それを生かして不正やパワーハラスメントを訴えるという行為は一度も銀行員から起きなかった。銀行内の内部通報制度であるだけに、その仕組みが信用できなかったという面は否定できない。

だが、その一方では、外部への告発の動きもなかったのは、事態の改善に対する諦めと、自身がその場の状況に流されていくことを容認する精神状態が生まれていたのだろう。

その背景にあるのは、取締役会など経営陣の経営への無責任ぶりだったに違いない。ノルマ至上主義でパワハラ体質の執行部門に丸投げしていた経営者たちのお粗末さである。

この問題をさらに考えていくと、スルガ銀行が地域銀行でありながら、実際には根無し草的な銀行だったという問題に行き着かざるをえない。

静岡県沼津市に本店を構えているとはいえ、実際にキャッシュフローを生み出していた地域は神奈川県などの首都圏エリアだった。地域銀行は、地元に張り巡らした店舗ネットワークから得られるさまざまな地域情報を基盤として、経営しビジネスするところに強みがあるにもかかわらず、スルガ銀行はその強みを磨こうとせずに、兵站《へいたん》線をひたすら伸ばしていった。

軍隊で伸び切った兵站線が戦術上、危険極まりないのと同様に、銀行経営もそれでは重要な顧客情報などがないなかで新規開拓するというリスクの高いビジネスにならざるをえない。そこで、スルガ銀行は、スマートデイズ社のようなディベロッパーに依存する融資業務などに傾斜していった。

危機管理委員会の報告にも「持ち込まれた案件が融資基準を満たしていなくても、目標を達成するためと、仮に自身が謝絶すれば、他の営業拠点で案件が取り上げられるだろうことを考えると、自身で取り上げてしまう」と記されているように、じつは、このような構造のなかでは、銀行、あるいは銀行員は、案件を選別、審査するのではなく、案件を持ち込んできたディベロッパーに選別されている。これでは、主体的な行動など期待できるはずはない。

アパマンローン膨張の背景

果たして、この構図はスルガ銀行に特有だったというわけではない。

第1章で紹介したように、多くの地域銀行は、本店を構える本拠地での資金需要の低迷を受けて、弾き飛ばされるように首都圏に店舗進出している。

これは、遠い過去に、繊維など地元の主力産業が首都圏に進出したのに追随して出店したのとは異なり、近年、新たに起こっている現象である。地元の資金需要の悪化とともに地盤沈下することを回避するための逃げ場が首都圏ということになる。

そのような地域銀行は、メガバンクに比べると同情の余地もある。メガバンクも国内部門は不振であり、それを海外部門の伸長でカバーしてきた。しかし、地域銀行には、そのカバーモデルは備わっていない。だが、それが備わっていないからこそ、歯止めが利かないという側面もある。

逃げ場となっている首都圏の大企業・中堅企業マーケットにおける超低金利の貸出攻勢である。メガバンクの法人担当者が唖然とするほどの低金利攻勢は、国際展開がないために、自己資本比率規制が国際基準ではなく、同基準よりも低い国内基準の適用で済んでいることと関連している。

もし、国際基準の自己資本比率が当てはめられていたら、融資案件ごとの採算性が重視されて、調達コストと同水準とみられるような低金利の貸出攻勢は難しい。しかし、国内基準であれば、その制約は薄まり、貸出量の確保を前面に押し出した超低採算レートを設定できる。

とはいえ、これは貸出量のかさ上げにはなっても収益貢献は見込めない。それでも、果敢に攻勢を仕掛け続けるのはなぜなのか。これは大いなる疑問ではある。

もっとも、いかに低採算であっても、大企業や中堅企業の短期資金調達に対応する貸出債権は信用リスクが低い。与信コストはきわめて軽く済むだろう。だが、他の融資分野となれば、話は異なってくる。

それがアパマンローンである。果たして、首都圏に進出した地域銀行の多くがアパート・賃貸マンション建設向けのローンに集中した。これは、相続税引き上げを背景にした土地所有者による節税対策が主な目的だった。

しかし、首都圏は、本来、自身の本拠地ではなく、周密な営業店ネットワークからさまざまな情報を集められるわけではない。そこで、やはり、ひとつの典型的なパターンとなったのが、ディベロッパー主導による案件開拓だった。

ディベロッパーは、数多くの銀行と提携を結んでいる。そこで、どこの銀行を使うかはアパートなどを建設する賃貸事業者が選定することになるが、実際には、ディベロッパーが「この銀行はいかが？」と紹介することになる。

したがって、銀行はディベロッパーと親密な関係を築く必要があり、さらに言えば、持ち込まれた案件について、入居率に懸念があり、賃料収入のキャッシュフローが十分に得られないのではないかというような対応を続ければ、おそらく、ディベロッパーはその銀行への案件紹介に消極的になるに違いない。それを銀行が恐れれば、ディベロッパーと賃貸事業者が締結した契約書の内容を吟味するという厳格な手続きがおろそかになりかねない。

げんに、金融庁は地域銀行によるアパマンローンが膨張し始めた数年前には、「契約書をきちんとチェックしているかどうかが疑わしい」という懸念発言を地域銀行の頭取が並ぶ会合の場で繰り返していた。

債務者にも多大な痛み

果たして、この先、アパマンローンを活用して建設したアパート・賃貸マンションが当初の想定通りに高い入居率を維持して、事業者に期待通りの賃料収入のキャッシュフローが続くのか。

入居率が落ち、キャッシュフローが先細りして借入債務の返済額を下回るようになれば、事業者は返済のために資産の持ち出しとならざるをえない。

そう考えていくと、不正の山を築いたスルガ銀行の事件はきわめて特異ではあるものの、その背後にある構造は他の地域銀行にも近似しているように思えてくる。逃げ場はしょせん、逃げ場でしかない。残念ながら、ホームグラウンドのように自身の能力を存分に生かせる場所ではない。

アパマンローンは長期融資である。いまのところ、不都合は生じていなくても、これから長い返済の歳月のなかでは、入居率が落ち込むこともないわけではない。むしろ、その確率はかなり高いと言えるだろう。そのとき、どうなっていくのか。

かつてのバブル崩壊局面では、入居率の著しい落ち込みで採算がとれず、結局、返済不能から所有不動産を担保処分せざるをえなくなるという事業者、つまり、銀行の債務者が相次いだ。そして、銀行への批判が強まった。

そうなるかどうかは、まだ先のこととはいえ、銀行がレピュテーションリスク（企業の評判が下がることで、業績が悪化する危険性）を抱え込んでいることは間違いない。

アパマンローンはその性格上、不動産所有者が資金借入の債務者となる仕組みであり、そのパターンである限り、最悪の場合でも、担保設定した不動産の処分だけで終わる。多くは資産家であり、賃貸事業失敗の痛みは吸収できるかもしれない。

しかし、スルガ銀行のように、シェアハウスの投資資金の融資となると、話は違ってくる。そのうえ、本当は融資実行の条件である自己資金が足りない申請者であるにもかかわらず、融資実行のために自己資金があるように見せかける偽装、不正を行なっていたとすれば、賃料支払いの停止とともに、債務者には多大な痛みが発生しておかしくない。

レオパレス問題が及ぼす影響

同様に、レオパレスのような問題も起きている。こちらは、レオパレス21が不動産所有者から土地を借り上げて建設したアパートの構造上の欠陥が露呈した問題だ。

防火対策を怠ってしまったということで、今後、アパートの修繕、場合によっては建て替えが必要となってくるに違いない。

この仕組みは、不動産所有者が銀行から融資を受けて所有不動産にアパートを建設し、その物件をレオパレス21が借り上げて、対価としてレオパレス21が不動産所有者に家賃保証するというもの。不動産所有者は家賃保証を受けられるメリットがあるわけだが、今回の欠陥問題では今後、不動産所有者にレオパレス21がどこまで家賃保証を継続できるのかが焦点となってくる。

不動産所有者、つまり、アパートのオーナーたちが建設のために銀行から資金調達した借入総額は、2兆4000億円程度に達しているとみられている。銀行はメガバンクから地域銀行まで数十にのぼっている。

欠陥アパートの建て直しなどのために、入居者の転居が始まった。今後、この問題がどう進展するかは即断しにくいが、場合によっては、レオパレス21が自前資金で家賃保証金をオーナーに支払い続けるということにもなりかねない。

それは、レオパレス21に家賃収入のキャッシュフローがないなかでのキャッシュアウトということになる。

レオパレス21はアパートの改修工事を終えた後、どのような局面を迎えるのか。それ次第で事態は大きく変わってくる。改修工事の費用負担も含めて、レオパレスの財務体力がどの程度あるのかが焦点となるだろう。オーナー向け融資を行なっている銀行にも少なからず、影響が出てきておかしくない。

金融債の消滅で露呈した脆弱さ

それにしても、なぜ、地域銀行は首都圏での融資攻勢を強めざるをえないほどに、地元経済圏での貸出に苦戦を強いられているのか。

もちろん、昨今の実情でいえば、地方になるほど人口・事業所数の減少が激しく、したがって、資金需要が低迷し続けているという言い方になる。それは間違っていないだろう。しかし、果たしてそれだけなのか。

長いスパンで地域銀行の事情を考えてみると、本来的には、その資金吸収力の絶大さに比べて、信用創造、つまり、地元地域における貸出による運用力は脆弱だったという構造が見えてくる。ただし、それは過去、独特の金融の仕組みに包摂されて見えにくかったと言える。

まず、戦後間もない時期から高度経済成長が終焉し、成熟経済の段階に突入するタイミングまでの長きにわたって、預金による絶大な資金吸収力を支えてきたのが、長期信用銀行などの発行する金融債だった。

これは、復興経済の主軸となる仕組みの一つであり、地方の余剰資金を地域銀行の預金で吸収して、成長のために恒常的な資金不足に陥っている大企業に配分するメカニズムとして有効に機能した。

具体的には、地域銀行は吸収した預金のうち、自前の融資に充てられない余剰預金を金融債の購入に振り向けて運用し、いわば、債券発行銀行を経由する間接的な融資という疑似信用創造を行なっていたのである。

この仕組みは高度経済成長の終焉を物語るように発生したバブル経済下でもフル回転していたが、バブルの崩落とともに、機能不全に陥っていった。金融債を発行する長期信用銀行が不良債権を増大させて経営破綻するなど、信用力が失墜したからである。結局、長期信用銀行は経営破綻、そして、経営統合を経て消え去り、金融債も事実上、消え失せてしまった。

預金力に対して大きく見劣りする信用創造力

となると、地域銀行が金融債運用でカバーしていた資金は本来の余剰な預金になってしまう。ところが、もうひとつ、その資金を運用する領域が残っていた。

銀行間の資金融通市場であるインターバンクマーケットである。地域銀行はこのマーケットに余剰資金を放出し、その資金は日々の資金不足を穴埋めする必要がある大手銀行などによって調達されていた。インターバンクマーケットでは、流動性預金よりも高い金利が設定されていたため、地域銀行は巨額の資金をその場で運用し利ざやを稼ぐことができたのだ。この利ざやを稼ぐ仕組みは流動メリットと呼ばれていた。

ところが、である。ここにも予想しなかった事態が発生した。金融危機が解消したものの、わが国はデフレ危機の中にあった。そこで、日銀は金利操作のみならず、量的緩和政策を発動し、インターバンクマーケットの金利（無担保翌日物レート）を実質ゼロとするゼロ金利政策を断行した。

次いで、2012年、第二次安倍晋三内閣の誕生とともに打ち出された経済政策、アベノミクスの主柱のひとつとして、国債購入の量的緩和政策が発動された。そして国債の購入額が巨額化し、国債利回りを大きく押し下げることとなった。

さらに2016年2月には、量的緩和と並んで、未曾有のマイナス金利政策が発動された。これは、民間銀行が日銀に預け入れる日銀当座預金の金利水準を、預入額の一定額以上について、マイナス0.1%に設定するというものであり、発動されるや、インターバンクマーケットの短期金利から長期国債の利回りまで一挙にゼロ水準を割り込むまで落ち込んでいった。

いわば、わが国の金利は軒並み圧し潰されてしまったのである。

これは地域銀行の余剰資金の運用バッファーと言える流動メリットまで消え失せてしまったことを意味している。

ここに至って、地域銀行は絶大な預金力と、それに大きく見劣りする信用創造力という構造的な問題を露呈せざるをえなくなったと言える。

預金取扱金融機関は、預金受入を謝絶することは基本的にできない。したがって、いかに預金余剰になっていようが、預金は流入してくる。地域銀行は各地のトップ金融機関であり、企業の給与振込口座を一手に引き受けている。毎月のように、普通預金などの流動性預金が入り込んでくる仕組みなのである。それに対して、かねてより預金総額に比べると規模が小さかった貸出金残高は著しく伸び悩んだ。

証券会社にとって都合の良い「お客さん」

預金超過という状態は深刻化する一方である。そこで、金融債を失って、流動メリットも消えた地域銀行は、いよいよ、預金の規模に見合った貸出量の拡大に走らざるをえなかった。

もちろん、銀行の運用部門は融資だけではない。有価証券運用もある。しかし、すでにそのメイン手段だった長期国債は、マイナス金利政策の下で10年物国債の利回りまでマイナス水準となり、運用メリットは乏しい。しかも、著しい低金利状態は保有し続ければ、いずれかの時点において、金利が反転し損失が発生しかねない金利リスクを潜在的に高めている。

そこで、多くの地域銀行が外国債券投資や複雑な仕組み債などへの投資に向かったが、外国債投資は為替リスクの現実化に直面したり、証券会社の口車に乗って購入した複雑な仕組み債では、投資の失敗で痛手を被るという事態も広がったりした。これは、プロフェッショナルを育成し切れずに、しょせん、証券会社の都合の良い「お客さん」の域を出ていなかった結果でもある。

預金吸収力が突出するという構造的な問題を放置したまま、預金量の増大に見合った規模の追求路線を見直さず、そのときどきの逃げ場に依存し続けたことが結局、過剰なノルマ営業を助長して、その達成のための営業活動が蔓延した。

本来の営業地盤を丹念に回り続けるという原則的な行動は非効率とされ、手っ取り早く、数字を作り上げる風土が醸成されたのではないのだろうか。

スルガ銀行問題は、あまりにも奇異であり、異常ではあるが、構造的にみると、決して異端児銀行の顚末として例外視すればいいという話ではない。

第3章

過剰な「ノルマ主義」がもたらした歪み

街の人たちはすべて知っている金融機関

新潟県の内陸部、南魚沼市・魚沼市・津南町・湯沢町を中心とするエリアを営業地盤としているのが塩沢信用組合だ。小野澤一成理事長以下、総勢50名足らず。全6店舗で運営する小規模金融機関である。

もちろん、県内で最小規模の信用組合だが、「山椒は小粒でピリリと辛い」という言葉は、この金融機関のためにあるのではないかと思えるほど、地域での存在感がある。

私が初めて同信組を訪れたのは2018年7月のことだった。『週刊エコノミスト』連載の取材のためである。上越本線の塩沢駅を出ると、真っすぐに一本道が通っている。その途中に塩沢信組の本部があった。だが、その近くにある本店なのかどうか、やや迷って、建物の外から内部を覗き込んでいると、突然、「こんにちは。浪川さん」と背後から声をかけられた。

自分のふるまいへの後ろめたさも手伝って驚きながら振り返ってみると、そこには濃いブルーのポロシャツを着た小野澤理事長が笑顔で立っていた。「なぜ、私だと分かったのですか」と尋ねると、すかさず、同理事長の言葉が返ってきた。

「私の信組の前に私が知らない人がこの時刻にいれば、それはお約束した浪川さんしかないでしょう」

なるほど、街の人たちはすべて知っているというわけである。

企業のホームページを開けば、必ず、その企業のトップによる「巻頭あいさつ」のような文章がある。それは練りに練ったといえば聞こえがいいが、そのほとんどは、どうも、生身の人間の言葉を感じない。明らかに自身で考え抜いて筆を執った気配が乏しいからだ。

ところが、塩沢信組の小野澤理事長の「あいさつ」文は違う。あたかも、その場で直接、本人から話を聞いているような臨場感が漂っている。たとえば、2017年6月付でホームページに出たのは、以下のような文章だった。

「当組合では、2017年度の事業方針を大きく変化させ、それを浸透させるために、昨年の倍の会議と専門委員会を営業時間内に開催しています。私自身も、昨年まではとにかく外出することが多く、ほとんど組合の中にいる時間はありませんでしたが、今年は今のところ意識して組合にいる時間を取るようにしています。職員からまず理解してもらうことが大切であり、手間がかかっても経営者としては手を抜いてはならない仕事と理解しています」

突然の「営業ノルマ撤廃」

顧客回りもままならないというほどの事業方針の転換とは何だったのか。結論を急ぐと、収益目標の全廃である。それまでの預金・貸出金の獲得などの計数目標を撤廃し、職員一人ひとりの業績評価シートでも計数のウェートは全廃してしまった。取材の目的は、その決断の理由と成果を理事長から聞き取ることにあった。

新潟県の内陸部もご多分に漏れず、地方経済独特の課題を抱えている。いかにして地域活性化、地域創生を実現するかという問題である。この点、塩沢信組はそれまでも、奇抜な取り組みで注目度を高めていた。そんな金融機関が突如、ノルマの全廃を打ち出して走り出したのだ。これを取材しない理由はどこにもなかった。

質問の主旨を説明すると、小野澤理事長が話を始めた。が、それは苦笑交じりの苦労談からだった。

「われわれはお客さんのために仕事をしてきたつもりだったが、実際のところ、拠り所であった計数目標を外すと、内部では大混乱してしまった。当初の3カ月は仕事にならなかった。もちろん、業績面の影響も出た。ディスクロージャー上の収益などの計数はすべて下がった。私は覚悟のうえだったので別に驚かなかったが、支店長、職員たちはハラハラしたようだ。『そのうち、理事長はキレるのではないか』とね」

同理事長は従来、営業目標の進捗度などについて職員たちに語ることはなかった。もちろん、「達成に向けて汗をかけ」というような尻叩きはしたことがない。それでも、職員たちは戸惑い、理事長が怒りだすことに戦々恐々としたわけである。それほどの混乱ぶりだった。

果たして、このような激しい副作用を誘発することを覚悟のうえで、あえて断行した営業ノルマの撤廃は何のためだったのか。その話は第6章に譲るとして、ここでは、地域に密着し、地域活性化に全力投球を続ける塩沢信組だからこその挑戦的な出来事だったということだけを先に述べておく。

*　　　*

「ノルマ化」で窮地に陥った三井住友銀行

営業目標が企業の中で金科玉条のように位置づけられ始めたのはいつからなのかは

分からないが、それが職場でたんなる目安から絶対達成のノルマへと祭り上げられると、往々にして、ビジネスの歪みを生じてきたように思える。前章のスルガ銀行は、まさにその突出した事例といえるが、それ以前にも、銀行業界では、ノルマ化によるビジネスの歪みが指弾され、結局、その銀行は窮地に陥ったという事例がある。

2005年12月2日の出来事もそうだった。2001年4月に誕生したメガバンク、三井住友銀行はその誕生から4年目の冬、公正取引委員会から独禁法19条の「優越的地位の濫用」の規定違反によって、違反行為の排除措置を伴う勧告を受けた。結局、同銀行はそれを応諾し、勧告審決を受けざるをえなかった。

優越的地位の濫用に該当したのは「金利系デリバティブ商品のひとつである金利スワップに関するものであり、取引先の事業者に対して、同銀行は融資実行の条件として金利スワップの購入を明示ないしは示唆という形で強要した」というものだった。「公正取引委員会が大手銀行に独禁法上の不公正な取引について法的措置をとったのは、1957年以来ほぼ半世紀ぶりのことであった」と、『三井住友銀行10年史』は相当のページを割いて自らが起こした事件を取り上げている。

後世に伝える記録の一節として、同銀行がこの事件をいかに重たく受け止めているのかが分かるほどのページ数の割きようである。

２００５年は、金融危機が収束に向かったタイミングである。しかし、その余韻と言えるような状況は続いていた。大手銀行などに一斉に注入された公的資金がいまだ完済されず、その返済負担が銀行にのしかかっていたからである。

銀行業界では、不良債権処理で経営悪化していた銀行の象徴のような公的資金を一刻も早く完済し、公的資金を受入れた際に設定された人員採用の抑制、人件費等コスト削減などの制約から自身を解き放ちたいと望んでいた。

公的資金返済に向けて必要なのは、返済原資を生み出す収益力である。

そこで、三井住友銀行のみならず、公的資金の返済を急ぐ銀行は営業現場に対して、過大と言えるほどの収益目標を設定し、営業現場は利益の積み上げに邁進した。

貸出姿勢の積極化はもちろんのこと、貸出の利ざやであるスプレッドの拡大などまで、その努力の対象は及んだが、それだけではなく、三井住友銀行が２００２〜２００４年にかけて行なったのが、排除勧告の対象となったような金利スワップ絡みの優越的地位の濫用商法だった。

結局、三井住友銀行は、公正取引委員会から勧告審決を受けるとともに、金融庁からは2006年、「金融商品取引法上の説明責任違反が懸念される事案が多数にのぼり、コンプライアンスよりも収益拡大を優先させる状況が常態化している」という理由から、金利系デリバティブ商品の販売勧誘を半年間停止するなどの行政処分を受けざるをえなかった。

量から質へ、奥正之氏による改革

15年近くも以前にメガバンクで生じた事件を長々と説明していることに違和感をもたれた向きもいるかもしれない。しかし、これにはわけがある。

事件後、三井住友銀行で徹底された出来事を紹介したかったからである。

三井住友銀行は独禁法上の是正勧告、金融庁からの行政処分というダブルパンチを食らうなかで、営業現場を含めた組織の立て直しを迫られた。コンプライアンス態勢の強化、組織態勢の大幅な見直しなどの方策である。

それをトップとして断行した奥正之頭取（当時）は、「日常業務において、お客様第一主義の考え方を実現していく」と語り、この改革と並行して断行したのが収益計画目標の下方修正だった。要するに、収益計画を引き下げたのである。

株式を上場し、国際展開している大手銀行が現行の収益計画を撤回して、収益目標水準を引き下げることには覚悟が必要である。悪くすると、株価下落、格付けの引き下げ、外貨調達コストの上昇というパターンを呼び込む可能性すらある。しかし、過大な営業目標の下で歪んでしまったビジネスを是正しなければ、顧客の支持を失いかねない。

三井住友銀行はその後、２００６年10月に公的資金を完済したが、同時にエポックメイキングな出来事と言えるのが、この収益目標の引き下げであった。

同銀行は、２００５年度の決算発表の際に翌２００６年度の業績予想を公表したが、それは目を引く内容だった。銀行単体の当期純利益に至っては４６００億円と前期比５９５億円もの減益見通しであったからだ。これは社内の収益目標の引き下げを反映していた。

もし、公正取引委員会から問題視されず、過剰な営業目標の達成のために歪んだビジネスを是正せずにそのまま突き進んでいたら、引き続き、利益が増強されていたかもしれない。しかし、それによって、深刻な事態を招くマグマがため込まれたに違いない。

当時、同銀行頭取だった奥正之氏はこの目標引き下げを断行するに際して、「やはり、株価の下落などが誘発されることは恐ろしい」というホンネを漏らしていたものの、だからといって、改革の断行を躊躇しなかった。株価下落よりも、営業現場での深刻な事態の蔓延のほうが由々しき事態であるからだ。

当時、奥正之頭取に私はインタビューしている。そのとき、奥氏が語った内容の一節をここで紹介したい。

「やはり銀行としての競争力、持続的競争力を失ってしまうのでないか。取引先に対し、これ買ってください、何とかしてください、ということはいつまでも続けられない。そもそも量がこれから伸びるのか。日本経済の潜在力は2％前後で、確かに成長し始めている。しかし、少子化の中で3％の成長ができるのか。消費マーケットがぐんと伸びないかぎり成長力はない。ところが、18歳人口は減少し、マクロ的には、日本はすごく成熟した社会になっている。その成熟社会の中で競争していくポイントは、やはり質だ。（中略）より強く、よりよく、より信頼される銀行。この三つをまとめるキーワードが質だ」（『週刊東洋経済』２００６年11月25日号）

量の追求から質の追求への転換に向けた宣言である。奥氏が自社と職員たちの力を信頼していた証とも言える。実際、同銀行はここから立ち直っていった。

メガバンクはまだマシ

いま、改めて銀行業界を眺めてみると、厳しい経営環境のなかにあって苦悩する姿が目に付く。

もちろん、それはメガバンクも例外ではない。毎期の決算をみると、数千億円の利益を稼ぎ出しているが、こと、国内部門を切り出してみると、収益は頭打ちであり、むしろ、消費者ローンやクレジットカードといった関連子会社を除いた商業銀行単体ベースの国内部門利益はきわめて厳しい状況にある。なかでも、営業店が担っている個人向けリテールバンキングは赤字転落と言っても過言ではない。

それでも、メガバンクは恵まれている。人口が増え続けている首都圏などを有力地盤としているからだ。

一方、人口と事業所数が減少し続けている地方では、顧客基盤の縮小とでも言える事態が歴然としてきている。この厳しさはメガバンクなどの比ではない。

金融庁が2018年9月に公表した「金融行政のこれまでの実践と今後の方針」によれば、「地域銀行は、足元では役務取引等利益（投信や保険の販売手数料など）の増加によって本業利益率は下げ止まっているものの、過半数の54行で本業利益（貸出・手数料ビジネス）が赤字（うち52行が2期以上連続赤字）。連続赤字の地域銀行が年々増加。本業赤字をカバーしていた公社債等の含み益は減少」と厳しい現状を伝えている。

それにもかかわらず、過去、地域銀行が最終利益をソコソコの水準に保ってきたのはなぜか。

それは、与信費用である貸倒引当金《かしだおれひきあてきん》が、新規積み増しよりも既存引当金の戻入益のほうが上回る傾向が続いていたことと、保有株式などの売却益が利益をかさ上げしてきたからにほかならない。

ところが、事態は次第に変わりつつある。地方銀行64行、第二地方銀行41行に埼玉りそなを加えた106行ベースの決算状況をみると、与信関係費用は2016年9月期のマイナス166億円、2017年9月期のプラス138億円に続いて、2018年9月期にはマイナス1799億円と飛び跳ねた。マイナスは収益上の減益効果であり、プラスは増益効果である。

これはスルガ銀行のシェアハウス投資向け融資の貸倒引当金繰入が主因だが、それだけではなく、全般的に貸倒引当金の戻入益が減少してきたことも示唆している。

２０１８年後半から２０１９年にかけて、国内景気には鈍化の傾向がみられるようになり、貸倒引当金を巡って新規繰入額を戻入益のほうが上回る「戻入超」ということれまでのトレンドが急速に変わりつつある。

貸倒引当金の繰入は過去数年の実績率に基づいて機械的に行なわれる部分があるが、すでに実績率は底を打っているだけに、本業利益が苦戦していても、最終利益段階では、どうにか、利益水準を維持できるという条件がひとつ消えかかっていることになる。地域銀行に限らず、銀行経営にとって、これは頭の痛い話である。

含み益を吐き出さざるをえない地銀

すでに述べたように、政府・日銀は、安倍晋三政権の経済政策であるアベノミクスの下で国債を大量に購入する量的緩和政策を続行しているうえに、２０１６年2月には日銀当座預金の一定額について、その付利をマイナス０・１％に設定するマイナス金利政策を発動し、国内のあらゆる金利水準を大幅に押し下げた。

銀行の貸出金利も下がり、有価証券運用の中軸だった10年物国債の利回りもマイナス水準まで低下するなど、銀行の運用難は際立っている。

一方、銀行は預金金利も引き下げたものの、預金金利をマイナス金利化することは事実上、不可能であり、預金金利と貸出金利、あるいは有価証券運用利回りの差である総資金利ざやは大きく縮小し、さらには逆ざやに陥る銀行が増えている。

これが金融庁の指摘する「本業利益の赤字化」のひとつの背景であり、それを補うためにも保有有価証券を売却し、その含み益を吐き出すという行動が銀行業界で広がった。国内収益への依存度が高い地域銀行ではその傾向が強く、それによって一挙に「含み益が減少」したことになる。

ちなみに、含み益とは、取得簿価よりも時価のほうが高いことによって生ずるものであり、それを売却して実現益とすると、そのときには収益かさ上げ効果が得られるものの、引き続き、有価証券運用を続けるならば、有価証券を改めて購入することになる。

その場合、保有有価証券に含み益が生じているほどに市場価格が値上がりしているならば、その局面での新規購入では取得簿価がその分だけ切り上がり、将来的な含み益を期待しにくくなる。いっときの実現益の確保のために、将来的な利益の可能性を低めるという結果になるわけである。これはかなり厄介な話だ。

ノルマ達成だけが正義とされる世界

こうみると、メガバンクのように国内部門の苦戦をカバーする国際部門がほとんどない地域銀行は、この厳しい事態の直撃を受けざるをえず、きわめて同情に値する立場である。もはや、経営環境は従来の条件を満たすだけでは長期の存続を見込むことが難しい状況に近づいていると言っても過言ではない。

つまり、今後を生き抜くためには、過酷であっても自らの生存に向けて、その必要条件を抜本的に見直し、満たしていくしかない。

その道筋を致命的に間違えたのがスルガ銀行である。

前述したように、同銀行はシェアハウス投資関連の融資に不正行為が蔓延したことが挫折の直接的な要因となったが、それ以前から、異常なまでに高い収益志向やそれを実現していくための誤ったメカニズムを過剰に働かせ続けていた。

営業現場への過剰な収益目標の設定と、その達成のための異常なまでの上意下達式のプレッシャーである。

銀行の収益計画策定のプロセスは、営業現場から「この程度は見込める」という本部への自己申告に基づいて、本部が全体の収益計画を立案していくというものであるはずだが、いつの間にか、そのようなプロセスは形骸化したに違いない。

まずは、本部による全体の収益計画があり、それを実現していくために、営業店に細分化した収益目標が配分され、張り付けられていく。

営業現場からの自己申告や、あるいは、本部による営業拠点長へのヒアリングがあったとしても、それは現場の実情を把握するというものではなく、形式的なものにとどまるどころか、「であれば、自分で何とかせよ。したがって、これくらい目標を上乗せする」という結論を現場に押し付けるための儀式と化していたに違いない。

現実感覚の伴わない収益計画と営業ノルマの世界である。

それに加わったのが短期的な実績をフルに反映した「実力主義」体系の人事評価である。これが昇格、年収を決定づける評価体系の主軸となり、営業現場の尻を叩く凶暴なメカニズムになっていったと思える。

本来的には実現しえないはずの過剰な営業目標の達成のみが正義であるという歪ん

だ価値観が支配する閉鎖的な世界となり、金融の理想は死に絶えた。

戦後復興の流れで生じた地域銀行の「役割分担」

それでは、理想とは何か――。

いうまでもなく、顧客の役に立つことである。ただし、この理想は普遍的であっても、時代の変化のなかでは、何が顧客の役に立つのかは違ってくる。じつは、多くの地域銀行のなかでは、この点があやふやなままだったように感じられる。

なぜか。時代の変化の流れに取り残されがちだったからである。時代の流れに即することができる革新性を伴わなかったと表現したほうが妥当かもしれない。

わが国の銀行制度が初めて発足したのは1872年の国立銀行条例の制定のときである。この法律に基づいて、第一国立銀行（現在のみずほ銀行の母体の一つ）が誕生したが、これは紙幣を発行できる銀行だった。それから、同条例の改正などを経て、1879年には全国で銀行数は153行まで増加した。この多くが地域銀行（いわゆる第一地銀）の原型となったわけだが、その後、わが国の銀行業は大合同を繰り返していった。

激変の約150年なのだが、ひとつ、多くの人たちが意識していないことがある。それは、この歴史の半分を第二次世界大戦後、いわゆる戦後が占めるようになっているということである。

しかも、この戦後70余年には、明治期から第二次世界大戦が終わるまでのあいだに生じた変化に匹敵するほどの大きな構造的な変化が起きている。

まず、戦後は経済復興が始まった。敗戦によって、産業界では生産設備のほとんどが崩壊していた。生産能力、つまり、供給力を喪失したなかで、戦後のハイパーインフレが発生し、その収束のために新円切り替えなどの荒療治が行なわれたわけだが、復興にはやはり、生産設備の再構築が欠かせなかった。

しかし、生産設備の構築には莫大な資金が必要である。そこで、その資金を捻出し、効果的に生産設備の構築に振り分けていくために編み出されたのが、「傾斜金融」である。全国の家計部門から貯蓄を預金で吸収し、その資金を基幹産業などの設備建設資金や運転資金へと配分していった。

この仕組みのなかでは、銀行は業態別に明らかな役割を分担した。地域銀行は全国の貯蓄を預金で集めることが最大の使命とされ、その資金は首都圏などの都銀や長期信用銀行に貸借という形で流れ込んだ。

地域銀行が集めた資金は中小零細企業への資金供給には回らず、窮迫した中小零細事業者たちはお互いに資金を融通する自助組織として、信用金庫・信用組合を創設する動きが相次いだ。これは、１９００年の産業組合法誕生以来、関東大震災後の復興期に次ぐ、信金・信組の創設の山場となった。

地銀が信用力を誇示していた時代

話を戻すと、このように地域銀行は資金不足の基幹産業、大手企業への資金配分に向けて預金を通じた家計部門からの資金調達を担ったのだが、地方型の地域銀行であるほど、その傾向は強くなった。当時としては、社会的に大きな役割を果たしたと言える。

それを円滑に果たすためにも、本拠地である都道府県（なかでも東京都を除く道府県）における信用力は絶大である必要があり、仮に自ら融資するとしても、それは信用力の高い先に限られた。したがって、地元の優良企業ばかりが取引先となっていった。

たとえば、そのような企業や商店では、顧客に手渡す領収書などには「○○銀行取引先」と記載していたケースがあったほどである。もちろん、地元の地域銀行に当座預金口座を開設できているという自身の信用力の高さを誇示するためである。

それほどに各地の地域銀行の信用度は高く、その取引先は「選ばれし者」として満足していた。それはある意味で、地域銀行は限られた顧客の役に立っていたということになる。

ところが、時代はつねに変わっていく。復興経済はその後の高度成長経済へとつながり、いよいよ、企業は拡大生産のための設備資金の調達意欲を膨らませた。

資金需要は直接的なルートでも、大手銀行を経由した間接的なルートからも、地域銀行に伝わっていた。しかし、昭和から平成に変わるころになると、わが国の高度経済成長期は終焉を迎えて、低成長、もしくは成熟経済期と呼ばれるステージへと明らかに移行した。

それにともなって、次第に歴然としてきたのが、企業による資金需要の低迷である。だが、その一方で銀行への預金流入は継続した。これは、成熟経済への移行過程では必然的な現象だったと言える。

預金獲得を優先する営業が仇に

　高度経済成長期には企業が拡大生産を続けたことによって、生産設備の増強などの資金需要が旺盛であり、同時に勤労者の所得水準も大幅にアップした。家計部門では着実に貯蓄が形成され、いわゆる貯蓄率は高まった。

　そして高度経済成長終焉後も、マクロ的にみると、個人金融資産は1000兆円を超えて増え続けた。企業の資金需要はさらに後退したが、成熟経済化と相まって国民の寿命は延び続け、高齢化の進展などの社会現象が明らかになるにつれて、国民金融資産をいかに運用するのかが大きな焦点になった。

　少子高齢化によって理想の人口ピラミッドが崩れ始めて、将来の年金給付や社会保障制度に対する不安が論じられるようになっていく。ところが、銀行業界では、そのような経済成長のステージが大きく変化しつつあることに対して、きわめて悠長だったように思える。

　高度成長期は企業の資金需要は旺盛であっても、銀行のニーズが多様化したわけではない。いわば、モノトーンの量の世界であり、地域銀行はひたすら、それに応ずるために企業向け貸出の原資となる預金を集め続けた。調達量の極大化が貸出量の極大化をもたらして、収益の極大化を実現したからである。

したがって、銀行の営業現場ではとにかく、ノルマが課されて預金獲得に走り回った。1980年代後半から1990年代にかけて、金融の自由化がまだ本格化せず、自由化となっても銀行の発想がそうはなっていなかっただけに、金利競争は乏しく、競争といえば、顧客を回り続けて量を確保することだった。

しかし、低い経済成長の下で企業の資金需要が停滞する時代が訪れると、地域銀行の営業現場では、預金獲得から資金需要の掘り起こしへと営業の主軸を動かさざるをえなくなった。

一方で、自らの貸出先を優良先に限定してきたことから、信用力が劣る先への与信には慎重であり、つねにリスク防止のために担保の確保やマル保（保証協会の保証）などの公的保証に依存し、融資の目を高めていく発想は乏しかったと言える。

「預超体質」を補った金融債も、バブル崩壊とともに消える

しかも、その間にも信用力の高さから預金は流入し続けた。

地域銀行の場合、元来、その使命が預金獲得にあっただけに、地元での資金需要の獲得には限界がある一方で、地域でナンバーワンの信用力を武器にして預金は絶えず集まったということである。それによって構造的になったのが、貸出残高を預金残高が上回る「預超体質」だった。

預金は本来、銀行にとってコストである。コストであるが、それを貸出などに回せれば、初めてその金利差である利ざや収入が得られる。ところが、資金需要は預金流入に見合うほどには生じていない。結果として、預超体質は際立ったが、ある時期までは、それを補正できる手段があった。

前述した長期信用銀行発行の金融債である。長期信用銀行は金融債で資金を集めて、それを企業などに貸出するモデルであり、金融債の主要な買い手が各地の地銀だった。店舗網がきわめて限定的で預金による資金調達力が脆弱な長期信用銀行と、貸出先が乏しい地域銀行をうまく結合させたのが金融債だった。

それによって、地銀は長期信用銀行の取引先である大企業などを疑似貸出先として確保し、長期信用銀行は安定資金の調達を実現した。

ところが、その後のバブル経済の瓦解はこの連携モデルまで崩壊させてしまった。

長期信用銀行が不良債権に塗《まみ》れて、信用力を失墜させ、経営破綻まで来すや、金融債の信用力も崩壊してしまったからだ。結局、金融債の発行はストップし、最終的には消えていった。地域銀行は疑似貸出先まで失って、預超体質が露呈したことは言うまでもない。

量を追求するも、即効的な「手数料稼ぎ」で凌ぐ日々

以後、地域銀行には貸出難が付きまとうことになったのであり、それを補うためにかつて、預金獲得で効果を発揮した営業ノルマという手法がフル稼働することになっていく。

しかし、前述のとおり、すでに成熟経済化したなかで、従来型の資金需要は見込めるわけはない。それでも、膨大な預金残高に見合う貸出残高の積み上げに向けて、営業ノルマのアクセルが踏まれ続けた。全精力を投入して融資営業が展開されたのだ。つまり、量の追求が果てしなく続いたわけである。

いまさらながらだが、当時、地域銀行が時代の変化をとらえて、顧客貯蓄の有効な活用にこそ重要性を見出していたらどうだっただろうか。マクロ的に言えば、国民金

融資産の効果的な運用である。

これは1990年代から2000年代初頭のことである。

当時、各地の地域銀行が目先の収益にとらわれることなく、時代の転換を意識した戦略を打ち立てて、得意とは言えなかった企業向け貸出を営業ノルマ方式で即効的に強化するようなことはせず、得意である資金調達分野で預金に変わる顧客の資産運用手段を根強く定着化させていく努力を積み重ねていれば、おそらく、その後の状況は変わっていたはずである。

それによって、顧客の資産が預金ではなく、投資信託などにきちんと振り替わっていたら、とめどなく流入する預金量に貸出残高を追いつかせるべく、貸出増強のために毎年、前年比二ケタ増というような営業ノルマを営業現場に課すようなスタイルにならずに済んだのではないか。

ところが、実際には、即効的な貸出増強のみならず、やはり、即効的な役務（手数料）収益の獲得ばかりに疾走してしまったと言える。証券会社の短期売買による「手数料稼ぎ」を見習った投信の窓口販売である。

ノルマがないと現場が動かない状態

結果として、貸出は借り手企業の資金使途を考慮しないマル保の融資という厳格な審査を要しない安直な貸出資産の積み上げばかりとなり、営業現場では、オン・ザ・ジョブ・トレーニングを通じた企業向け貸出のノウハウは育成されなかった。もちろん、顧客の人生設計を反映させた資産ポートフォリオを勧めるというような資産アドバイザー的な職制も定着しなかった。

とにかく、続けられたのは「量の追求」であり、先に紹介した奥正之・三井住友銀行頭取（当時）が自責の念も込めて明言した「質への転換」に舵が切られることはなかった。そして、あまりに長く、「量の追求」の発想に基づくノルマ営業態勢を続けてしまった結果、ときにその弊害に気が付いたとしても、その撤廃を決断するだけの胆力は養われておらず、踏襲され続けた。

しかし、これを別の視点からみると、経営陣や本部職員たちは、自らの営業現場を信じていなかったということにもなる。つまり、「ノルマがなければ現場が動かない」と考える程度の営業現場の位置づけである。

もちろん、営業現場も「与えられたノルマこそ、明日からの活動の道標」と受け止めるカルチャーが醸成されていたとも言える。そこから、上意下達的な一方通行型の組織体質が生まれたのではないか。

そして、自分たちはいったい何のために銀行業をやっているのかという理想が失われがちとなっていったように思える。これでは顧客のために役に立つという発想は醸成しきれず、営業目標の達成を目指して数字を積み上げることにしか目が向かない。

もしかしたら、当初は営業の道標であり、努力目標にすぎない位置づけだったものが、必ず達成することを求められるものへと変質し、人事評価に深く反映されるようになれば、それだけが目標化されていく。

本来、営利企業ではない協同組織金融機関として、地域密着路線を走り続けてきた塩沢信組ですら、小野澤理事長の決断によって収益目標の計数を全廃したとたんに、営業現場では混乱が起きてしまったという。

それほど、目標は金融機関という組織の細部までしみ込んでいるわけである。しかし、小野澤理事長は2017年度に覚悟を決めて全廃に踏み切った。それは、いまいちど、自分たちの使命を確認するために必要だったからである。

現実離れしたノルマ主義は百害あって一利なし

前例のないような構造的な変化に直面して新たな環境で生き抜いていくためには、やはり、自分たちが何のために地域銀行として銀行業をやっているのかという原点に立ち返ってみる必要がある。

こう話すと、「株式会社形態の営利企業である以上、株主に利益還元するために収益を稼ぐことが使命」という向きもいないわけではない。しかし、それは詭弁《きべん》である。

それでは、食品会社は株主に報いるために食品を作っているのだろうか。製薬会社は株主に報いるために薬の開発に取り組んでいるのだろうか。食品会社も製薬会社も、そんな位置づけをされれば「ノー」と答えるのではないか。資本市場はそんな理屈のために存在しているわけでもない。

自身のビジネスの意義、自社が社会に存在している意義を説明するために必達を迫る営業目標があるのではない。むしろ、厳しい営業目標は、企業にとって最も重要であることが何かを漠然とさせている。

なかでも、時代遅れの「量の追求」型経営の発想の下での過酷な現実離れしたノルマ主義は百害あって一利なし、である。それに埋没する限り、質への転換は果たせず、いよいよ、時代が変わっていく流れに追いつけなくなるからである。

とにかく、一度、経営者は深く考えて決断すべきである。営業目標の撤廃か、それが到底できないというならば、目標の明確な引き下げの断行を、である。

そうすれば、おそらく、収益目標がたんなる営業の道標ではなく、金科玉条の目的になっているという現実につきあたるだろう。そして、営業現場の職員たちを信頼していないことにも気が付くのではないか。

やはり、経営者や本部は営業現場に対して、「君たちが何に取り組むのか、期待をもって見守る」と信頼することである。

第4章

地域に「選ばれし金融機関」の条件

保育所なのに、外見が金融機関!?

大阪の商業の中心地、淀屋橋から京阪本線の特急に乗って20分あまり。淀川に沿って北上し、「ひらかたパーク（通称：ひらパー）」を過ぎると枚方《ひらかた》市駅に着く。特急と言っても、特別に料金が上乗せになるわけではなく、10分間に一本程度の頻度で走っている。この通勤の便利さから、サラリーマンたちのベッドタウンとして発展したのが枚方市である。

同駅前にあるのが、複合商業施設「ピオルネ」だ。そのビルの一角に、２０１８年4月4日、小規模保育施設「常称寺枚方駅前保育園」が開園した。

京阪本線を利用して仕事に行く子育て世代の勤労者にとって、抜群の立地である。子供を預ければ、すぐに電車に乗れるし、夕方、帰宅途中ですぐに子供を迎えに行ける。おまけに、買い物も至近距離で済ませることができる。

同保育所の前に立って眺めてみると、大きな窓に保育所の看板と並んで、可愛い絵のポスターが掲げられている。いかにも保育所である。が、少し見ていると、何か別の施設に雰囲気が似ていることに気が付く。

外見が金融機関の店舗の佇《たたず》まいなのだ。ましてや、保育所に隣接して、ATMコーナーが設置されている。どう見ても、金融機関の駅前店舗という風情である。

それもそのはず。この保育所のスペースはもともと、地元金融機関、枚方信用金庫の岡本町支店だった。同信金は2013年に店を閉鎖し、以後、岡本町研修所として転用していた。その施設を今度は保育所に変えたわけである。

ただし、これは、同信金が政府の推進する企業主導型保育所に乗り出したということではない。保育所を運営している社会福祉法人に対して、その負担は管理費のみという実質的に無償と言っていい方式で貸与したのだ。

駅前店舗が共働き世帯の助けになる

枚方信金は、大阪府の北東部で淀川左岸に位置する北河内7市を主要地盤としている。北河内7市とは、守口、枚方、寝屋川《ねやがわ》、大東、門真《かどま》、四條畷《しじょうなわて》、交野《かたの》の各市であり、その中核市が枚方市である。

前述のように、高度経済成長期にベッドタウンとして発展した経緯があるが、近年はさまざまな複合的な問題に直面しているのが北河内7市である。そのひとつが都会の住宅都市で問題となっている待機児童問題である。

枚方市の将来にとって、若者世帯の転入は重要な要素ではあるものの、保育所が不足して幼児を預かってもらえないとすれば、共稼ぎが主流となっている若者世帯は枚方市への転入に二の足を踏まざるをえない。

実際、同市では待機児童問題が深刻化しつつあった。この事態を地域密着の地元金融機関としても無視できない問題と考えた吉野敬昌・枚方信金理事長は真剣に取り組むべき課題と位置づけた。

そして、決断したのが岡本町研修所のスペースを保育所運営の社会福祉法人に貸与するという仕組みである。全国的にも珍しい金融機関による保有不動産の有効活用という話になるが、実質無償貸与と言ってもいい方式であり、営利的なセンスでいえば有効活用とはいえない。

しかし、地域とともに生きるコミュニティバンクとしては、自社不動産が地域の問題解決の一助となるという意味で、重要な有効活用なのだ。

同保育所は開園の情報が流れるや、問い合わせや申し込みが相次いで、入所児童数が定員19人に達したのはあっという間のことだった。

一般的に言って、金融機関の店舗立地の典型は駅前などの一等地である。いまでも、ちょっとした都市の主要駅に行けば、駅前には金融機関の看板がズラリと並んでいる。利用者利便の観点から、そのような店舗立地となったわけだが、残念ながら、いまや共稼ぎ世帯が主流となって、９時から15時までの店舗稼働時間帯に金融機関を利用できる人はきわめて限られているのが実情だ。

一方で、銀行業界では収益悪化が著しい。店舗の統廃合、既存店舗の閉鎖の動きが具体化してきている。収益悪化で店舗の減損処理という問題すら起きているのが現実である。そこで、保有不動産の賃貸活用を求める声が銀行業界に高まったのだが、その事情は理解できるものの、あまりにも内向きであることは否めない。

広く社会を眺めてみると、さまざまな社会問題が発生している。それを解決していくことも金融機関には求められているはずである。その取り組みの手本と言えるのが枚方信金の活動である。

＊　＊

「地域とともに栄える」から「地域の衰退のなかでもがく」に

「地域とともに栄える」、あるいは「地域とともに成長する」。

この言葉は、地域金融機関であれば、必ず、経営理念として掲げてきたはずである。ところが、近年、この理念は「地域の衰退のなかでもがく」という状況に変わっている。

言うまでもなく、地域社会が人口・事業所の減少トレンドを辿っているからだ。

高度経済成長期には、たしかに地域社会には成長がもたらされ、繁栄の期待感が膨らんだが、成熟経済へと移行するとともに、グローバル化が進展するに伴って、大企業は国内の生産拠点を海外へと移転させたり、あるいは、地元の事業者は高齢化で事業を廃業したりと、さまざまな逆風が吹き始めている。

そこで、「地域とともに生きる」という地域金融機関の生き方が難しくなり、地域銀行では地元経済圏だけでは自身の成長が見込めないという焦燥感から、他県の都市部に進出して局地戦を繰り広げたり、首都圏での融資攻勢を激化させたりしている。

その多くは、金利引き下げを武器にした消耗戦である。これは、見方を変えると、地元で得た利益を地元以外のバーゲンセールの原資にしているような話である。「地域とともに栄える」は、遠くなるばかりと言える。

地域銀行の雄　ウエルズ・ファーゴ

米国での地域銀行の成功例といえば、数年前まで、筆頭に挙げられたのがウエルズ・ファーゴである。

もともと、サンフランシスコに本拠を構えるカリフォルニア州の地域銀行（リージョナルバンク）だった同銀行は、アメリカンエクスプレスを創業した2人の人物、ヘンリー・ウエルズとウィリアム・ファーゴが1852年に設立した。ちょうど、わが国の給湯機器、空調機器メーカーのリンナイが林兼吉、内藤秀次郎という2人の創業者の名前にちなんで命名されたのと似ている。

当時、米国はゴールドラッシュの最中であり、金塊や郵便物の輸送を目的として創業したのが発端である。砂金をみつけて、金鉱を掘り当てようとする人たちが作業用に履いたジーパンを提供して、一躍、大企業にのし上がったリーバイスと同様に、ゴールドラッシュ便乗の商法で成功を収めた。

その輸送業を起点にして、カード事業へと発展した事業分野に「エクスプレス（特急便）」という名称が引き継がれ、銀行には創業者の名前が残ったという経緯である。

この創業のイメージはロゴマークに残っている。金塊などを輸送した六頭立ての幌《ほろ》馬車《ばしゃ》であり、その上には「Together we'll go far」という言葉が刻まれている。「go far」は「遠くに行く」というだけではなく、「成功する」という意味がある。「ともに成功しましょう」という、地域銀行のエッセンスを抽出した言葉である。

「Together we'll go far」は、わが国の地域金融機関の経営理念である「地域とともに栄える」「地域とともに成長する」とほぼ同義と言える。

たしかに、ウエルズ・ファーゴはある時期まで、この標語通りの銀行だった。しかし、次第にそれは変わっていった。買収を繰り返して大規模化し、リージョナルバンクからスーパーリージョナルバンクの雄へと上り詰める過程の出来事である。そして、2016年には、大不祥事が発覚し、その栄光は地に堕ちてしまった。

その具体的な内容は後述するとして、カリフォルニア州の地域銀行だったウエルズ・ファーゴが巨大銀行に成長していった経緯を振り返ってみたい。

買収されるもスーパーリージョナルバンクに変貌

地域銀行だったウエルズ・ファーゴに一大転機が訪れたのは1998年のことだった。独特のリテール戦略でカリフォルニア州内の顧客基盤を盤石化させていた同銀行に買収の手が及んだのだ。

買収を提案してきたのはミネソタ州ミネアポリスに本部を構える有力地域銀行、ノーウエストである。ノーウエストは積極的な営業カルチャーを誇る広域地域銀行である。ウエルズ・ファーゴはその拡大路線の標的になった。

結論を急ぐと、同年6月、ノーウエストによるウエルズ・ファーゴ買収は成功する。当然、ここでウエルズ・ファーゴはその歴史に終止符を打つはずだったのだが、事態は思わぬ方向へと向かった。

ノーウエストの経営陣は通常では考えられない統合戦略に出たからだ。被買収先であるウエルズ・ファーゴの商号を継承し、自身の商号などを捨て去ってしまった。本拠地もサンフランシスコに移して、ウエルズ・ファーゴの本部機能が踏襲された。したがって、買収されたことによって、この世から消えるはずだったウエルズ・ファーゴの名称は残ったのだが、だからといって買収以前のウエルズ・ファーゴのままであるわけはなく、カリフォルニア州に限らず、広域をカバーするスーパーリージョナルバンクとしてのウエルズ・ファーゴに生まれ変わっていた。

吸収合併の実態があっても、表面上、「対等合併」の体裁を整えながら、それでいて、強い側の名称が残るという日本的な経営統合では考えられないようなケースである。

買収戦略が奏功し、ゆるぎない地位を築く

とにかく、ウエルズ・ファーゴの名は残ったのだが、新たなウエルズ・ファーゴは以前の銀行とは違う銀行に変わった。

かつてはデータベースマーケティングを駆使して顧客ニーズを引き出すようなスタイルが知られていたが、生まれ変わった銀行はその特性だけではなく、ノーウエストが伝統的に培ってきた押しの強いセールスが加わった。凄腕の営業力にデジタル技術が加わったような話と言えるだろう。

拡大意欲にあふれるノーウエストの経営陣が率いるウエルズ・ファーゴではいよい

よ、統合戦略に拍車がかかった。

新たなウエルズ・ファーゴが誕生するや、1998年には瞬く間に、今度はファースト・ナショナル・バンクなど中小銀行を4行買収し、2011年2月までに33行を傘下に収めるという怒濤の買収戦略を繰り広げていった。

1998年の時点でウエルズ・ファーゴは全米で最も勢いのある銀行と目されるようになっていたが、それをいよいよ決定づけた出来事が2008年の有力地銀、ワコビア（本拠地・ノースカロライナ州シャーロット）買収にほかならない。

2008年といえば、9月には世界を震撼させたリーマン・ショックが発生している。ワコビアはリーマン・ショックの影響は軽微だったものの、不幸にも、買収先の金融機関が経営危機に瀕して、ワコビア本体の経営も脅かされる事態に陥ってしまった。ウエルズ・ファーゴはその事態にすかさず買収の手を伸ばし、ワコビアを傘下に収めた。

この買収によって、ウエルズ・ファーゴは絶大な規模を誇る銀行となるとともに、ノーウエスト時代から継続させてきた地銀再編戦略を仕上げたと言える。

リーマン・ショックから8年後に訪れた「ショック」

ウエルズ・ファーゴなど主要米銀のデータがあるが、それによると、1990年から2013年までに米国の主要銀行持株会社10社による銀行買収・合併の実績件数はバンクオブアメリカが19件、シティグループが10件であるのに対して、ウエルズ・ファーゴのそれは119件に達している。ここから、いかに激しい買収戦略だったのかが理解できる。

一方、同ベースで銀行買収・合併先の総資産累計額をみると、バンクオブアメリカが9709億ドル、シティグループが4453億ドルであり、ウエルズ・ファーゴは1兆604億ドルにのぼる。ウエルズ・ファーゴが規模の小さい地銀クラスを買収し続けた実態が2つのデータから読み取れる。

それによって、ウエルズ・ファーゴは米国沿海部などを中心にして、2013年末には6287カ店という店舗ネットワークを構築した。もちろん、全米ナンバーワンのネットワークである。

しかし、そのころがこの広域地域銀行のピークだったかもしれない。

ワコビア買収でもわかるように、ウエルズ・ファーゴはリーマン・ショックの影響も軽微であり、他の巨大銀行グループがショック後に経営危機に瀕しても、同銀行には無縁に等しく、経営はびくともしなかった。

だが、リーマン・ショックの発生から8年が経過した2016年、ウエルズ・ファーゴに強烈なショックが訪れた。ある意味では、資産価値が急速に失われるリーマン・ショックよりも深刻なショックと言える。

職員による不正行為の発覚である。それも1人や2人が不正に手を染めたというようなレベルではなかった。

巨大化と経営能力の格差が招いた大量不正

監督当局の厳しい検査を通じて、不正行為は2011年5月から2015年7月までの約4年間にわたり、不正に関与したとされる職員の人数は、じつに5300人に及んでいたことが把握された。これは全職員数の2％に相当する人員規模である。

当初の検査で明らかになった不正の手口は以下のようなものである。

すなわち、顧客情報を利用して預金口座を新規開設したうえで、不正に開設した新口座に顧客の既存資金を一時的に移し替える。既存顧客名義でクレジットカードを申し込む。オンラインバンキングの利用やデビットカードを申し込む……。

これらを顧客の了解を得ず、勝手に手続きして、関連手数料を不正に請求したというのが不正の概要である。少なくとも200万ドルの不正請求が行なわれていたという。

不正に関与した職員数の多さに比して、被害額に相当する不正請求の合計額がそれほど巨額に達していないのは、不正融資や横領などの犯罪行為はなく、あくまでも一件当たりでは少額である手数料の請求だったからである。

監督当局は当初の検査結果に基づいて、コンプライアンス、リスク管理に関する制裁措置として1億8500万ドルの罰金を命じた。さらにウエルズ・ファーゴは、前述したように不正に関与した5300人の職員を解雇せざるをえなかった。

だが、同銀行への社会的な批判は収まらず、それを受けて、同年9月20日には、当時の最高経営責任者（CEO）、ジョン・スタンフ氏が上院銀行委員会の公聴会で証言に立たされた。その場で、スタンフ氏は議員から「Too Big to Manage」という言葉で強い批判を受けざるをえなかった。

「巨大化するのはいいが、その結果として、マネジメントができなくなっている」という巨大化と経営能力の格差を糾弾されたのだ。

それだけではない。監督当局からはすでに罰金を命じられていたが、それまで沈黙していた中央銀行、ＦＲＢがその後、厳しい措置に踏み切った。

それは、経営態勢がきちんと是正されたと確認されるまで、貸出残高を伸ばすことを禁じるという前代未聞の厳しい処分だった。

職員による不正はなぜ起きたか

このウエルズ・ファーゴ事件はきわめて示唆に富んでいる。

第一に、規模を巨大化させていくことに隘路が潜んでいるという点であり、第二は実績主義に潜む危険性である。

米銀の場合、本部エリートと営業現場の職員とのあいだには、途方もない賃金格差がある。低い賃金水準で働いている営業店の職員たちにとって、実績主義のボーナスは重要であり、手数料をいかに稼ぎ出したかという実績はボーナス支給額に如実に反映される。したがって、手数料を稼ぐという過剰なインセンティブが働いて不正が誘発され、それが営業現場の職員層に広がっていったと考えられる。

スルガ銀行は米銀をモデルにしてビジネスモデルを構築したとされているが、それはこの実績主義も含まれているに違いない。

であれば、もし、2016年時点において、ウエルズ・ファーゴの失敗をスルガ銀行の経営陣が真剣に学んでいたら、どうだっただろうか。もちろん、時期的には、すでにスルガ銀行は不正の泥沼にはまり込んでいたわけだが、多少なりとも、改善努力が芽生えていたかもしれない。

これらの観点とは別に、もうひとつ、指摘しておきたいことがある。

それは、ノーウエストに買収される以前の元祖ウエルズ・ファーゴであれば、このような不正事件が起きる可能性はきわめて低かったに違いないという推測である。

元祖ウエルズ・ファーゴはＩＴ（情報技術）を駆使したデータベースマーケティングに秀でて、それによって顧客の支持を集めていたことで知られている。

しかも、地域に密着したカリフォルニア州の地域銀行だった。過剰な収益マインドはなく、地道な営業スタイルで定評があったが、新たなウエルズ・ファーゴに生まれ変わると、ノーウエストの押しの強いセールスがそれに融合し、積極的な買収路線を円滑に進める歯車となっていった。買収には収益力の高さを反映した良好な競争力のある株価水準が必要条件となるからだ。

実際、２０１３年をみると、主要銀行持株会社のなかで、ウエルズ・ファーゴは粗利経費率（ＯＨＲ）が58％と最も低く、税引き前利益率は37・９％とトップクラスの高水準を誇っていた。

その背後では、高い収益マインドと効率性が営業現場に強く求められ、その結果として、元祖ウエルズ・ファーゴが育んできた地域密着の体質は希薄化せざるをえなかったと言える。

州をまたいで巨大化したウエルズ・ファーゴはスーパーリージョナルバンクとなったのだが、それはスーパーなリージョナルバンク（地域銀行）ではなく、たんに巨大な銀行になったということである。というよりも、ワコビアを買収した後の姿は、もはや、広域の地域銀行ではなく、実質的にはメガバンクの一角をなすものであったと言っていい。

「地域金融機関の使命」を問うた金融庁長官

翻って、わが国の地域銀行を考えると、本拠地である都道府県（実体的には東京都は除く、道府県）の地域経済は人口・事業所の減少などによって規模的に縮小傾向を辿っているケースが少なくない。それでいながらも、銀行はいまだに規模の拡大に追われて、県外にまで進出している。

地元では、営業現場に毎期、前期比増の営業目標を課していて、それは過剰なレベルに達している。それを達成するために営業現場は齷齪《あくせく》と働き続けて、営業店の周囲、銀行用語でいう、店周マーケットの地域で起きているさまざまな社会的な問題、社会が抱えている課題に対して目が向かなくなりつつあるように思える。

仮に、担当者レベルでは、それに気が付いて営業店の会議の場で報告しても、実績と結びつかなければ話題に取り上げられず、融資案件や顧客の資産運用案件のトレースばかりを確認される。また、支店長が取り上げて本部に報告しても、今期実績に結び付く話でなければ、対応は後回しにされがちとなる。

もちろん、地域の課題を解決するのは地元金融機関だけの責務ではない。自治体、商工会議所など地域のさまざまな機関が取り組むべきものであり、それらの機関が連携して解決していくことが求められている。

現在、遠藤俊英・金融庁長官の下で金融庁が２０１９年以降、地域経済エコシステムを重視し、そのなかに地域銀行がきちんと参加することを強く望んでいるのはそのためである。

たとえば、２０１９年１月、遠藤・金融庁長官は地域銀行のトップたちが顔をそろえる会合の場で次のように発言している。

「地域においては、地域経済の活性化、あるいは地域経済の下支えにとってなくてはならない地域企業、こうした企業を支援する機関、商工団体、地方公共団体などがお互いに有機的に連関しながら地域経済を支える、いわゆる地域経済エコシステムが存在している。こうしたエコシステムのなかに、地域金融機関がしっかりと位置づけられ、貢献しているかが重要である。従来、クリエイティング・シェアド・バリュー（ＣＳＶ、共通価値の創造）の概念を申し上げてきたが、これは、複数関係者が互いに連携し合う地域経済エコシステムのなかで、とくに地域金融機関がどう動くべきかに着目し、説明してきた概念と理解している」

地域銀行が、地域経済を支える仕組みにきちんと自身を組み込んで活動しているのかという問題意識である。そのうえで、同長官が発したのが次のような発言である。

「好循環のループやCSVは、自分のこと、とくに自己の収益を真っ先に考えるとうまく構築できず、むしろ相手方（多くは顧客企業）やエコシステムを構築する他者への貢献を第一に考えることによって、好循環のループを作り、CSVを効率的、効果的に発揮しうるのではないかという仮説に基づいて、地域の実態を把握し、金融機関と対話することによって、金融機関に気づきを得てもらうと同時に、われわれも気づきうる」

同長官らしい真摯な表現であるが、要するに、地域銀行には地域に尽くすという使命の発揮を期待し、目先の自己利益の追求に陥っていないのかどうかを注意深く見守っていくという意思の吐露《とろ》と言っていい。

「意気込みや主体性が感じられない」

じつは、この発言には経緯がある。

同長官はその少し前に、地方公共団体の若手、中堅クラスの職員たちが集まる私的な意見交換会の場に出席し、数多くの地方公務員たちと多面的な話し合いを行なっていた。その際、彼らから発せられたのは、同長官が愕然とするような話だった。

「地域でいろいろな企画を考案しても、地域金融機関の職員からは自分たちから主体的に関わっていく、自分たちからどんどんネットワークに入り込んで中心になるといった意気込みが感じられない」

このような声を数多く耳にしていたのだ。これは同長官にとって、やはり、ショックだったと言える。

もっとも、新たな動きも始まった。地方公務員と地域金融機関職員による私的な集まり「ちいきん会」が2019年3月24日に発足したからだ。

日曜日にもかかわらず、東京・大手町の会場に集まったのは全国各地の自治体職員、地域銀行、信金・信組の職員など総勢200名にのぼった。そして、彼らは忌憚のない意見を交わし合った。

それぞれの参加者が取り組んでいる課題や提供できるスキルなどをぶつけ合い、意見交換する場が盛り上がったことは言うまでもない。遠藤・金融庁長官も参加し、その議論を興味深く聞き入っていた。有志による会合とはいえ、今後、地域社会の課題解決に向けた新たな連携が生まれることが期待できる。

「ミニ銀行」路線を反省した信金・信組

信金や信組は、地域銀行よりもさらに地域密着型の金融機関であり、相互扶助を経営理念の背骨に据えてきた。それでも、過去には、「都銀の効率化路線を真似して、失敗した経緯がある」と反省を述べる経営者は少なくない。

効率化の名の下で、日々の顧客接点を軽視したことなどである。その典型が商店街などの店々や零細規模の企業まで毎日、足しげく通って行なう集金業務である。

たしかに、大手銀行や地域銀行がファームバンキングと称して、現在のネットバンキングの前身と言えるエレクトロニック・バンキング戦略で、取引先企業に専用端末を売り込んで、その操作による預金預け入れや振り込みなどの送金サービスを提供し始めた1990年代以降、信金・信組のあいだでも、日々、取引先企業や個人顧客のもとを訪れて普通預金や定期積金の集金業務を行なうことを取りやめたところが少なくなかった。

それ自体は間違っていなかった面もある。集金することが目的化して、ただ顧客を回り続けることを目的と勘違いする形骸化が強まっていたからである。

しかし、日々の訪問は、取引先企業のその日の状況や個人顧客の表情のちょっとした異変などを把握する大切な機会であり、そのなかの会話を通じて、企業、個人、あるいは地域コミュニティが抱え始めた課題をその初期段階で認識できる機会である。

集金は、商店街の店々が恙《つつが》なく売り上げを上げているのかどうかを把握できるすべでもあった。これは、近年、フィンテック（金融とＩＴの融合）企業の一部が提供しているトランザクション・レンディングのリアル版というか、その原型である。

トランザクション・レンディングは、ｅコマースの運営企業がそのネット上の加盟店の日々の売上情報に基づくデータベースを構築し、ＡＩ（人工知能）でそれを解析することによって加盟店を審査し、その売上金を実質的な売掛金担保として、加盟店に運転資金を与信する融資の仕組みだ。

日々の集金行動は、それをリアルに行ない、かつ、顧客の悩みを聞く機会の創出にもなっていたと言っていい。

ところが、銀行が効率化路線に走るなかで、信金・信組はこれとの競争意識が強まり、その対抗上からも効率化を目指した業務の変更を行なっていった。

同時に、貸出競争も激化し、経営内容よりも担保価値を重視し、担保さえあり、さらには公的な保証が付けば、借り手の資金使途や抱え込んだ課題に頓着せずに与信するという「ミニ銀行」のようなビジネスに邁進し、結果としては不良債権を増大させてしまったのが１９９０年代から２０００年代の初頭である。

もちろん、バブル崩壊の痛手も大きかった。その果てに、経営破綻や業界再編が拡大したわけである。そうみていくと、信金・信組が一貫して地道な経営に徹してきたというわけでもない。

しかし、いま、彼らの多くは、その軌道を外した局面が結局、相互扶助の非営利組織という自身の本来の姿とは相いれないものだったという強い反省に基づいて、原点に立ち返っている。

当然、健全な組織を維持するうえで、一定の収益力は必要である。したがって、信金・信組もさまざまなビジネスを展開しているが、一部を除けば、銀行追随型のあくなき収益追求は捨て去って、地道な活動に回帰し、地域から頼りになる金融機関として光を放ち続けている。

ミニ・メガバンク化の道に進む地銀

それに比べて、地域銀行はどうなのか。

地域における規模は大きく、プレゼンスは絶大である。しかし、その規模をひたすら拡大させていくことに邁進して、社会から求められている地域での役割を果たし切れているのかという疑問が各地で呈されている。

信金・信組がミニ銀行路線で泥沼にハマってしまったように、地域銀行はミニ都銀化、ミニ・メガバンク化の道を走り続けているようにも見える。

それと逆のような話もある。たとえば、２０１９年３月、メガバンクの一角である三菱ＵＦＪ銀行が、関西地域などの自治体の指定金融機関の座を返上することを決定したと報じられた。超低金利下にあって、自治体が発行する地方債の引き受けが困難化したというのがその理由である。

実際、マイナス金利政策の下で、国債のみならず、地方債も軒並み利回りがゼロ水準に接近し、それを引き受けて保有することは容易ではなくなっている。将来の金利上昇リスクまで踏まえると、運用という面だけで考える限り、その保有は一段とむずかしくなる。

しかし、あえて言えば、この問題はたんに地方債の運用メリットが失われたという視点だけで見ていく話ではない。そもそも、メガバンクが、自治体の指定金融機関という地域のメインバンクの立場に就いてきたことが不合理だったと言えるからだ。地域性が著しく乏しく、その地域に根差していない巨大銀行が、地域の台所役を担ってきたことが奇異である。

それでも、メガバンクは採算が合わなくなれば、その役割を返上できるに違いない。その地域や自治体との関係が薄れることに未練はないだろう。彼らは「都合が悪くなって逃げ出した」という批判を浴びる可能性はあっても、全国をカバーし、グローバルに展開している巨大銀行にとって、痛痒《つうよう》を感じる話ではない。

消耗戦を避けて「引き分け」に持ち込む

それほどに、銀行によって地域との関係性には濃淡がある。

メガバンクが淡泊であるとすれば、地域銀行はその歴史からして濃厚である。ところが、ミニ・メガバンク（都銀）化して、地域銀行といえども地域から拡散する動きを強めれば、地域に対する役割意識や配慮の度合いは浅くならざるをえないだろう。地域からの拡散のメカニズムは、規模の追求で収益を積み上げようという発想の強さから生じている面がある。

たとえば、首都圏に進出しての大企業取引への参戦であり、隣県に出店し合う県境越えである。いずれも、その闘いの武器になっているのは低金利攻勢であって、新たな進出地域で密着型の業務を展開するというムードは著しく乏しい。

結局、地域銀行は互いに低金利攻勢をかけ合って、本来であれば確保できたであろう利ざやを得られない消耗戦を繰り広げているのではないか。本来的には得られた利ざやがない分だけ収益力は落ちて、人件費などのコストを加味すればコスト倒れに陥っているとも言えるほどの無益な戦いぶりである。

米国では大小多数の銀行がひしめき合っているにもかかわらず、大多数の銀行がそれなりの利益を稼ぎ出している。

これにはかつての厳しい州際規制の名残という要素もないわけではないが、自然と銀行ごとに地域、顧客層などですみ分けがなされているからでもある。つまり、銀行同士による闘いはあっても、わが国のような消耗戦にまでは発展していないということとになる。

もちろん、米国では弱肉強食の買収合戦が繰り広げられていて、個々のビジネスが消耗戦にまで泥沼化する以前に、資本市場で勝ち負けの決着がついてしまっているという側面もある。

この点は、わが国では、これまで銀行業界にはなかったものである。存在しているのは、経営統合の発表の際に、当事者の銀行トップたちが語る「なんとなく、阿吽《あうん》の呼吸で決まった」という〝引き分け試合〟のようなケースばかりだ。

消耗戦にエネルギーを費やすくらいであれば、まだ、果敢な買収にエネルギーを投入したほうがいいかもしれない。

それは、多くの経営統合が資本市場の尺度からすると、遅きに失したタイミングで行なわれていることや、いつまで経っても、持ち株会社の下に母体銀行が子会社として別々にぶら下がり続けるという、実質的には個別経営の延長線のような状況が生まれていることも無縁ではないだろう。だが、そうではない経営統合であっても、地域銀行の場合には、必ずしも、そのまま理想的な結果が得られるとは限らない。

異例ずくめだったＦＦＧと十八銀行の経営統合

このような視点から、ある出来事を考えてみたい。

2年越しの紆余曲折を経て、２０１８年10月30日に最終合意に達した福岡県のふくおかフィナンシャルグループ（ＦＦＧ）と長崎県の十八銀行による経営統合である。

すでに長崎県の地域銀行では、親和銀行がＦＦＧの傘下に入っており、これに十八銀行まで加わると、長崎県内の同グループのシェアは独禁法が禁止している独占に近い水準まで高まってしまう。

そこで、２０１６年にこの経営統合が具体化した際、公正取引委員会は経営統合の承認を棚上げしてしまった。それから2年間にわたって、紆余曲折が演じられたのがこの経営統合劇だった。

経営統合に「待った」をかけた公正取引委員会に対して、金融庁は人口減が著しい地域では、地域銀行の経営統合は例外扱いにすべきであると主張し、一時は、当事者銀行VS.公正取引委員会というよりも、金融庁VS.公正取引委員会という前例のない対立構造にも発展した。

その後、十八銀行とＦＦＧは、長崎県内の貸出債権を総額で１０００億円弱も圧縮し、地域シェアを約75％から65％に引き下げるという条件の下に、公正取引委員会は経営統合を承認するということで決着をみている。

一定幅で地域シェアを引き下げることが承認の条件だったとしても、とにかく、地域銀行に独禁法上の例外措置が導入されただけではなく、公正取引委員会との攻防を当事者である銀行ではなく、監督官庁の金融庁が担ったという構図まで含めて異例ずくめの出来事だった。

地域サービスの質が低下しかねないリスク

さらに、政府は地域サービスの存続に向けて、地域シェアが高くなったとしても地域銀行などの経営統合を認めやすくするための新たな法律を導入する方向にある。

ＦＦＧ、十八銀行のケースがこの動きに弾みをつけたことは言うまでもない。それだけ地方社会での人口・事業所の減少が深刻に受け止められたということでもあるが、果たして、これで問題は解決するのかどうか。

というのも、経営統合によっては、地域サービスのレベルが大きく棄損しかねないリスクがあるからである。

たとえば、ＦＦＧと十八銀行がこの先、いかなる統合ビジョンを具体化するかは定かではないが、あえて予想を試みると、十八銀行がＦＦＧの傘下に収まるという経営統合である以上、十八銀行はいずれ、従来の自身の業務基準を改めて、ＦＦＧの基準に入れ替えていくことになるに違いない。

規模的な面、効率的な経営体質などをふまえると、ＦＦＧの基準のほうが厳格であるという予想ができる。さらに、ＦＦＧの株主構成をみると、外国人株主比率は30％にも達している。さすがに有力地域銀行グループという話だが、とすれば、十八銀行はＦＦＧの傘下に収まった瞬間に、外国人株主比率30％という新たなコーポレート・ガバナンスの世界に入っていく。

一般的に言って、外国人株主は収益力、経費率などに対して、厳しいチェックの目を光らせている。場合によっては、そのプレッシャーのなかで、十八銀行は採算性が低い県内店舗の統廃合を迫られかねない。

つまり、独禁法の例外措置を盛り込んだ新法で政府が目指す地域サービスの存続は実現できても、存続するだけでサービスの水準、質は低下する可能性があるわけである。

経営統合が地域経済の疲弊に拍車をかけることも

近年、金融庁が危惧の念を強めてきた地域銀行問題の根幹は、「持続可能なビジネスモデルの構築」という金融庁の言葉でも分かるように、現在のビジネスモデルは持続可能であるとは言えないという部分にある。

なかでも、人口減少テンポが加速し、しかも、長崎県のように地域銀行が複数存在しているような地域では、結局、このままでは地域銀行が共倒れしかねないという危機感が金融庁にはあると言える。したがって、地域銀行の経営統合でこの懸念を解消するという発想が強まったのがこの数年の経緯だった。長期的な視点からの金融システムへの不安の解消という意味では妥当な模索である。

しかし、別の見方もできる。結局、経営統合では、地域銀行の地域密着はいよいよ困難化して、地域サービスは先細りながらの存続とならざるをえないという考え方である。最悪の場合には、地域銀行の経営統合が地域経済の疲弊に拍車をかける可能性すら否定できないということになる。

経営統合を実現して以後、十八銀行はＦＦＧ傘下の親和銀行との合併が予定されている。それによって、いよいよ、さまざまなカルチャー、方針はＦＦＧのカラーに塗り替えられるに違いない。

十八銀行よりも、ＦＦＧのほうがはるかに効率的な経営となっていることからすると、十八銀行も早晩、効率化の速度が高まってくるだろう。それと地域サービスの質、水準の維持を両立させられるのかどうかという問題だ。

ウエルズ・ファーゴの教訓

「経営統合はあくまでも手段にすぎない」とは、かねてより唱えられてきた論点である。それでは、十八銀行は経営統合という手段によって、何を実現していくのか。

金融庁がこの経営統合を後押ししたのは、地域銀行の理念の実現ではなく、地域銀行の共倒れリスクの回避を念頭に置いたからだろう。これは銀行の健全性維持を追求する監督官庁としては必然的な対応である。しかし、地域銀行が本来、求められてきた役割は、監督官庁ではなく、当事者である地域銀行が実現していく立場にある。

それは、「地域とともに生きる」という経営理念を、日々の事業展開のなかできちんと具現化していくことのほかにない。

店舗を統廃合してリアルの顧客接点を希薄化させるのであれば、それに代わる地域、顧客との接点をいかに構築していくのか。人口・事業所数の減少が経営統合の背景にあるとすれば、いかに自身に地域経済エコシステムのなかの重要な役割を与えて取り組んでいくのか。

地域経済の疲弊、地域社会の縮小に対応して経営統合し、自身の延命のために地域内の自身の役割を低下させるだけで、地域社会の問題の解決に効果的に取り組まないのであれば、それはたんなる縮小均衡に合わせた自己都合の延命であり、地域経済が縮小する限り、自身の縮小均衡にも歯止めがかからなくなりかねない。

米国では、ウエルズ・ファーゴが巨大化していく過程で、地域銀行だった元祖ウエルズ・ファーゴには存在していた地域銀行ならではの体質が希薄化して消えていったように思える。揚げ句の果てに、かつてのウエルズ・ファーゴが得意とした、データベースマーケティングを駆使して顧客ニーズを引き出すような地道なリテールバンキングが、実績主義のボーナスというプレッシャーを受けて崩壊し、営業現場は不正の温床と化してしまった。

同銀行の由来にちなんだ六頭立ての幌馬車のロゴマークの上に記された「Together

we'll go far（ともに繁栄しましょう）」からTogetherの文字が消えて、たんなる「We'll go far（私どもは遠くに行ってしまいます）」になってしまったような堕落ぶりである。

わが国で言えば、県境を越えて、首都圏に進出し、そのウエートを高め続けるという話だろうし、自身の役割である「地域とともに」という意識を希薄化させているということでもある。

単独路線であろうと、経営統合路線であろうと、地域銀行である限り、「地域とともに繁栄する」「地域とともに成長する」という理念の実現のために邁進することがその使命である。この点、地域社会はいま、さまざまな問題に直面している。

それを直視して解決の道を切り開くことなく、「規模の追求」に走り続ければ、結局、地域社会から見放されて、地域銀行は根無し草のようになるしかない。

人口・事業所数の減少で苦しいのは何も地域銀行だけではなく、地域社会全体が苦悩している。ところが、その課題の克服に積極的に挑まずに、目先の利益確保のみに集中して、地元の顧客基盤は粗利をたたき出す対象としてだけ位置づけているのでは、いずれ、愛想をつかされて、地域社会からそっぽを向かれてもおかしくない。

その点、枚方信金のように、地域の課題に真正面から立ち向かっていく狭域の地域金融機関は、今後、その地域から絶大な信頼を得ていくに違いない。

地域銀行を頂点とする地域金融のヒエラルキーは、それだけでは何の意味ももたない時代になっている。地域に「選ばれし金融機関」は、地域のために心血を注ぐ金融機関である。

第5章

「原点」を見失った地銀に未来はあるか

信金が企業のインターンシップを主導

東京都23区の北端に位置する足立区は、大田区に次ぐ東京都内の産業集積地帯である。

近年、都心のビジネス街への通勤の便利さが注目されてマンションが立ち並ぶようになり、同区内への大学の相次ぐ移転も加わって、中心部に相当する北千住などの街並みはガラリと変わりつつある。それでも、主要駅を少し外れた地域では、いまでもさまざまな町工場がひしめき合う光景が広がっている。

このエリアを主要地盤として活動してきたのが足立成和信用金庫である。

数多い都内信金のうち、同信金は規模的に中堅クラスに位置している。資産規模が一兆円を超える巨大信金が複数あるなかでは決して目立つ存在ではないし、そもそも社風も派手ではない。

店舗配置をみても、基本的には足立区内にとどまり続けていることが分かる。広域化傾向にある都内信金のなかでは、際立った姿勢である。だからこそ、目立たないのだが、この信金こそ、地域密着の地道な活動が光っている。

同信金の本部を初めて訪れたのは2012年のことだった。信金業界の関係者から提供された話に関心が高まったからである。

「足立区内の工業高校の生徒を対象とする地元の町工場でのインターンシップを信金がやっている」

リレーションバンキング（地域密着型金融）が導入されて以後、金融機関が地元企業を対象とするビジネスマッチングを積極化させているという話は全国各地にあったが、金融機関がインターンシップに中心となって取り組んでいるという話を聞くのは初めてだった。いったい、なぜ、金融機関には迂遠《うえん》とも言える活動をしているのだろうか。興味が募った。

ためらう経営者を説得

本部を訪れると、いまは地域連携・活性化参与を務めている松場孝一氏が対応してくれた。この人物こそ、インターンシップの生みの親と言っていい人物である。

足立区内で6カ店の支店長を務めた経歴の持ち主であり、足立区内の事業者の悩みを知り抜いた生き字引のような信金マンだ。

足立区には都立の工業高校がある。毎年、高校を卒業すると、多くの生徒が就職するが、就職先は大企業がほとんどである。

一方、地元の町工場では人手不足が蔓延している。若い人材が欲しいと経営者たちが考えて、地元の学校などに就職案内を出しても効果はなかった。いきおい、町工場では社員の高齢化が進んで、事業承継という以前の大きな問題になっていた。

そうした町工場の多くが足立成和信金の取引先である。取引先を訪問すれば、その悩みとボヤキが経営者の口から発せられていた。

若い人材が町工場に関心を寄せない理由は明らかだった。町工場は小説の『下町ロケット』にも描かれているように、その底ヂカラはすごい。大企業の製造業ですら、町工場が生み出す精緻な部品に依存している。何とも誇りある仕事である。

それを知ることなく、社員たちが作業服を油まみれにして働いているという姿からくるイメージだけで興味を失っている。要するに、食わず嫌いのような状況である。

町工場の仕事がどのようなものであり、町工場という職場の雰囲気はどうなのか。まずは何よりも、生徒たちはそれを知っていい。

それだけではない。大企業に就職した若者たちのなかには、職場の雰囲気になじめなかったり、仕事についていけなかったりして、早々に退職し、街に戻ってきたはいいものの、仕事に就かずにぶらぶらしている姿も目に付いた。これは、彼らにとっても好ましいことではなく、街の風紀上も決して軽視できない。

そこで、立ち上がったのが足立成和信金だった。区役所と連携して、学校、町工場を走り回り、工業高校で学ぶ生徒たちに町工場での仕事の体験学習を制度として作り上げませんか、と根気よく呼びかけていったのだ。

まずは、学校での地元企業の説明会を開催し、生徒のみならず、保護者の理解も深めていった。企業側に対しても、参加をためらう経営者を説得して、その輪は次第に広がっていく。

費用は信金持ち

こうした粘り強い手順を踏んで、インターンシップは実現した。インターンシップに参加した生徒のなかには、町工場に対する正しい理解が芽生えて、面白い仕事という感想が聞かれるようになった。それは、大企業の生産基地では味わいにくい、家族的な雰囲気の職場であり、働く社員たちは高い技術を身につけている。それを目の当たりにできる貴重な体験でもあった。要するに、自分たちが生活している地域コミュニティのなかの営みを知る仕組みが、このインターンシップだった。

インターンシップにかかる費用は、足立成和信金が負担した。それだけでは、たんなる費用の持ち出しである。しかし、地域密着の地元金融機関としては、費用の持ち出しすら務めという話だろう。

同信金のこの取り組みは、他の信金にも伝わって、たとえば、神奈川県のさがみ信金は地元の教育委員会、商工会議所との協働で、高校生のインターンシップ推進に取り組んで、箱根などの観光旅館での仕事を体験した生徒が実際にそこに就職するという果実も生まれている。足立区でも同様に町工場に入社した生徒が現れた。

融資や投信販売などだけが地域金融機関の役割ではない。

地域コミュニティの中核的な存在として、いろいろな仕組みを作り上げて、コミュニティで生きるメンバーを前向きにさせていく。地域の活性化とは、地域に生きる人びとを活性化すること。足立成和信金の取り組みはそれを如実に物語っている。

＊　　＊

信金・信組が存在感を高めていく可能性

代表的な協同組織金融機関である信用金庫・信用組合の数はこの30年あまりのうちに激減した。具体的には、１９８９年には全国で４５４金庫の信金、４１５組合の信組が事業を営んでいたが、２０１８年には信金は２６１金庫（同年11月現在）、信組は１４６組合（同年12月現在）まで激減している。

その最大の要因はバブル経済の崩壊だった。

バブル時代の波に乗って拡大路線を疾走した結果として、バブル崩壊後には多大な不良債権を発生させ、事業の継続が困難化する金融機関が相次いでしまった。

結果として、合併による業界大再編が起きて、１９９８年から２００２年にかけて大きく数を減らし続けた。その後も、事業地盤である地域の疲弊化などを背景にして、単独路線を断念する信金・信組が途絶えずに今日に至っている。

「合併経験のない信金・信組はほとんどありえない」（信金関係者）と言われるのはこのためである。

この業界大再編や金融機関数の減少から、信金業界・信組業界は斜陽化しているとみ向きがいないわけではない。実際、狭域で活動している信金・信組がその地域の経済情勢の悪化を受けて、単独生き残りを断念して合併・統合に向かうことはこれからもありえる話と言える。

だが、それと業界が斜陽化しているかどうかは別問題である。大再編の過程で強い体質の信金・信組が生き残り、より強くなったとすれば、むしろ、これから存在感を高めていく可能性があるとも言える。

なかでも、その原点にある地域密着、非営利、相互扶助という経営理念をきちんと貫いているような信金・信組は今後、その役割が増してくるように思える。

地銀のような「逃げ場」がない

もっとも、金融機関である以上、現状、収益環境が厳しいことは言うまでもない。東京商工リサーチの調査によれば、主要151信金ベースの2018年3月期決算は、調達コストと、貸出、有価証券運用の金利差である総資金利ざやは2013年の0・19%に比べると、0・11ポイントの低下である0・08%にまで落ちた。151信金のうち、21信金が逆ざやに転落したという。そうしたなかで、多くは減益が続いており、収益面では厳しい状況が続いていることが分かる。信組業界も同様である。というよりも、銀行業界まで含めて、すべての金融機関が厳しい収益環境に置かれている。そこで、メガバンクは国内の不振をコスト削減でカバーしながら、海外部門の強化に走り続けているし、地域銀行は主要地盤である地元経済の不調を穴埋めするためにも県境を越えたり、首都圏に進出したりしてビジネスを拡大させ続けている。

ところが、信金や信組は、海外事業がないだけではなく、厳しい地域規制があるために、主要地盤から他の地域にビジネスを大きく展開することはきわめて難しい。

いわば、地域銀行のような「逃げ場」はない立場にあると言っていい。塞がれた世界での事業展開であって、銀行に比べると、その分、収益的には劣勢に置かれるし、あるいは、地域経済の悪化をまともに受けざるをえない。

ましてや、信金・信組の場合、資金調達・運用の構造的な問題もある。メガバンクや地域銀行のように企業の給与支払いを給与振込サービスで受託することで、毎月、給与資金が普通預金口座に流入し、全体では莫大な流動性預金残高になるという構造は乏しい。

したがって、絶えず資金調達の必要があり、従来、安定的な調達構造を構築するために、定期積金、定期預金を主体とする資金調達を行なってきた。この結果、銀行に比べて、信金・信組の資金調達コストは高いという状況が生まれている。

流動性預金よりも定期積金、定期預金の金利は高いからであり、この相対的に高い預金コストを吸収して収益を稼ぐためにも、貸出金利は銀行よりもやや高めに設定せざるをえなかった。

また、日銀の徹底的な金融緩和政策の下で国債などの有価証券利回りが大きく低下して以降、貸出難を補うための有価証券運用では、新規調達コストを吸収できるために少しでも利回りが高い国債などを保有した結果、保有有価証券のデュレーション（残存期間）が長期化する傾向が強まった。

債券はデュレーションの長期化に伴って金利水準が高くなるものの、価格変動リスクも高まる構造になっている。そこで、信金・信組の債券ポートフォリオは、潜在的な価格変動リスクが増大していた。

もちろん、少しでも高い金利収入（債券利息収入）を得るには有効である一方で、金利上昇した際には、デュレーションを短期化したポートフォリオよりも多大な損失が生ずる懸念があるわけだ。

そこで、金融庁や日銀はこの保有構造に懸念を示し、信金・信組のなかではデュレーションの短期化を余儀なくされる状況も生じていた。信用度が一定であれば、デュレーションを短期化すると、それに伴って金利水準は低くなる。総資金利ざやは悪化して、収益力が一段と落ちる結果がもたらされた。

地銀の営業マンが、信金・信組の顧客を標的に

一方、相対的にみてコストが高い資金調達構造をベースとして利ざやを確保するためにも、貸出金利は銀行よりも高く設定せざるをえなかったが、こちらも状況は厳しさを増している。

マイナス金利政策の影響もさることながら、銀行の貸出競争が信金・信組の顧客マーケットである零細企業、商店などにまで及んで金利低下の圧力が増したからである。なかでも、首都圏などの都市部では、地方型の地域銀行が進出してきて、破格の低金利での貸出攻勢を強めてきている。金利水準だけで判断する企業や個人がそれになびく傾向が続いている。

かつて、都銀という大銀行が突然、地方都市にやってきて、地域銀行の顧客である

優良企業を低い金利の貸出で奪取する「落下傘ビジネス」が地域銀行を悩ませ、怒らせていたが、いまは逆パターンの「落下傘」部隊が首都圏にやってきているとも言える。その際、標的になるのは信金・信組の顧客である。たとえば、首都圏のある信金ではこう語っている。

「われわれは取引先企業の経営者に事業承継などの支援を続けて、『頑張りましょう』と言ってきたが、突然、地域銀行の営業マンがマンションディベロッパーとともに訪れて、工場を閉鎖して賃貸マンションの事業に転換することを勧めた。われわれは、その会社の従業員との取引もある。経営者も従業員のために頑張ると言っていたが、いまは、事業を廃業して賃貸マンション事業に転換することを考え出している」

中小零細企業のオーナー経営者は高齢化してきている。つまり、事業承継や相続の問題を抱え始めている。そこに、節税メリットを武器に保有不動産を生かした賃貸マンション事業を勧められ、それが破格に安いローン金利を伴っていたら、ディベロッパーと組んでやってきた落下傘部隊の地域銀行の勧めに乗ってしまいがちである。

しかし、落下傘部隊はこの経営者と末永く付き合っていくという気持ちがあるのかどうか。これは地域に根を張っていない都銀などが落下傘ビジネスを展開し、顧客を奪った際に地域銀行が抱いていた懸念と同じである。

ネット化する銀行とは対照的な信金・信組の成り立ち

この構図を突き詰めて考えると、最終的にはネット専業銀行との関係になっていくだろう。あれこれとアドバイスするサービスは備えていないものの、提示する金利水準は対面形態の伝統的銀行のそれよりも低く設定しているネット専業銀行で、利用者は満足するかどうかという問題である。

つまり、空から舞い降りるようにやってきて、低い貸出金利で地域を攻略して顧客を奪取し、そして去っていくというビジネスが顧客に支持されるというならば、いっそのこと、ネット化したほうがより効率的で喜ばれるという話である。これは伝統的銀行業の自己否定と言ってもいい。しかし、実情はそれに類似し始めている。

信金・信組のほとんどが狭域エリアに身を置き続けているのは、第一に地域規制が敷かれているからである。なかでも、信組はその規制が厳しい。

第二には、その出自といえる誕生の経緯がある。信金・信組誕生の歴史は、１９００年の産業組合法の制定にまでさかのぼることができる。

当時、わが国は資本主義がようやく定着してきたものの、たえずインフレーションとその反動として景気の著しい悪化が繰り返されていた。そうしたなかで、産業資金は大資本に集中しがちで、中小零細企業にまでいきわたりにくい構造があった。

１９００年前後は、まさに日清戦争後のインフレーションの発生とその抑制のための厳しい金融引き締めによる景気の後退があり、その過程において数多くの中小銀行が経営危機に陥って預金取り付け騒ぎすら起こった。結果として、中小零細規模の事業者には資金がいよいよ回りにくくなっていた。

そこで、政府が打ち出した中小経済事業の金融対策が産業組合法だった。同法に基づいて設立された産業組合が、現在の信金・信組、農協などの母体である。

同法は１９４８年に消費生活協同組合法の制定とともに廃止され、さらに現在は、信金は信用金庫法が、信組は中小企業等協同組合法と協同組合による金融事業に関する法律がそれぞれ根拠法となっている。

その歴史には二つの山場がある。第一の山場は１９２３年9月の関東大震災後である。震災復興のために、被害が大きかった関東圏の中小零細事業者たちが相互扶助の考え方に基づいて、産業組合を相次いで設立したからだ。

第二の山場は、第二次大戦後の1940年代後半である。前述したように、経済復興を目指す「傾斜金融」は全国の家計資金を基幹産業など大企業に配分する仕組みとして機能したが、その一方では、中小零細規模の事業者には資金が十分に行きわたりにくい資金逼迫状況が強まった。そこで、やはり中小零細事業者が自助の仕組みとして産業組合、さらには信金・信組を設立する動きが続いた。

原点が明確ではなかった地銀

この経緯からも分かるように、信金・信組は会員・組合員の相互扶助を目的とした非営利の協同組織金融機関である。したがって、株式会社形態で営利企業である銀行と、信金・信組などの協同組織金融機関は、同じ金融事業を営んでいながらも、本質的に異なっている。

もっとも、繰り返しになるが、一時、多くの信金・信組がその原点と言える非営利・相互扶助の精神を希薄化させて、銀行化路線に逸脱した局面があった。

効率化の追求と収益志向への傾斜である。しかし、それは経営危機まで発展するケースも起きて、きわめて悲惨な結末を迎えた。その結果として、前述のように、業界大再編に発展したわけである。

その後、再編期を生き残った信金・信組は合併統合で規模が拡大したとはいえ、やはり、ほとんどの場合、地域銀行よりは小規模である。

しかし、規模の問題よりも重要なのは、この大合同とも言える再編期を潜り抜けた信金・信組の多くが、本来の路線に立ち返ったということである。営業基盤である地元地域とそのコミュニティに立脚して、地道な取り組みへと回帰した。

この原点回帰は、銀行化路線が本来の経営理念から乖離《かいり》し、結局は自身のレーゾンデートルを喪失しかねない自滅の道でしかなかったことに対する深い反省からもたらされたが、それは何よりも、自身が存在することの原点と言える経営理念が定まっていたからこそ反省することができたと言っていい。

これに対して、地域銀行は不幸にもその原点が明確化していなかったようにも思える。明治期に殖産興業を目指して誕生し、戦後は傾斜金融の歯車という役割を演じた。

しかし、それらの時代が次々に終焉を迎えるたびに、自身が存立する意味を再構築せざるをえなかった。株式会社形態の営利企業であり、ほとんどが上場企業という立場にあるが、これすら存立目的を証明しているわけではない。生きるためのひとつの姿でしかない。

余裕がないから汗をかき続ける

地域銀行に限らず、銀行は肥大化の欲望を抱えている。それは国内経済のパイが拡大し、しかも資金需要という社会的ニーズが強かった高度経済成長期には適合した。複雑なルートではなく、一本道を昇り詰めるような時代である。

ところが、成熟経済へと移行するや、経済のパイは拡大せず、資金需要は停滞するとともに、社会的なニーズは複雑化した。さらに現在、社会は複合的な歪みを伴ってきている。

わが国に銀行が誕生して以降、初めての事態と言える。そうしたなかで、地域銀行はその原点が漠然としていたために、結局、量の追求という時代遅れの価値観にしか自身が生きる意味を見いだせていないように思えてくる。何のために走っているのかという話ではなく、走るために、とにかく走っているという光景である。

そもそも、基本的に商業銀行はＧＤＰ（国内総生産）の成長率並みに自身も成長するモデルであり、それ以上の成長を目指すモデルが投資銀行である。したがって、GDPの成長が低ければ、本来、商業銀行の成長率もそれに合わせて低くなるのが標準シナリオである。

しかし、そのモデルに株式上場という仕組みが加わると、株式市場、具体的には投資家からは高い成長への圧力がかけられてしまう。

株式上場は信用力の証かもしれないが、その一方では、他人資本という重たさと資本市場のメカニズムという他律を受けて、経営者は自社の株価に一喜一憂せざるをえなくなる。存立の原点が確固としていればまだしも、それがあいまいであれば、株価の水準がすべてになってしまいがちである。そうしたなかで、多くの地域銀行がもがき苦しんでいるようにみえる。

もちろん、厳しい経営環境は地域銀行のみならず、信金・信組でも同様である。

資本基盤の大きさからすれば、信金・信組よりも地域銀行のほうが圧倒的に存続可能性は高いと言っても間違いではない。人口・事業所数の減少を背景とする地域経済の疲弊は狭域化するほどに深刻でもある。

たとえば、地域銀行は過疎地を営業基盤に持っていても、その一方ではその地方の都市部もテリトリーとしている。ところが、信金・信組のなかには、営業地盤のほとんどが過疎地、あるいは過疎化が進展しているというケースすらある。

繰り返しになるが、信金・信組は、地域銀行のように県境を越えたり、首都圏に進出したりといった「逃げ場」も与えられていない。地域の浮沈は、そのまま、自身の浮沈である。つまり、信金・信組は追い詰められている立場である。

しかし、だからこそ、地域の底上げに向けて汗をかき続けている。

近年、信金・信組の存在がクローズアップされ、各地でその取り組みが注目されてきているのは、信金・信組が余裕を増したからではない。率直に言って、それは余裕がないからである。

ただし、信金・信組には、自身が生きることの明確な原点があるのだ。

デジタライゼーションで営業現場は変わるか

もっとも、歴史的に見て、たとえそれが明確ではないとしても、地域銀行の存在価値が乏しいということでは決してない。むしろ、地域の期待感はきわめて大きいと言っていい。その資質も十分に備えている。何よりも優秀な人材が揃っている。

したがって、地域銀行は地域の産業を創出していくだけの潜在力と高い能力について強い自信を持つべきである。

その点、現在の経営環境は未曾有の厳しさと言えるだろうが、チャンスも到来している。それはデジタライゼーションである。デジタル技術の駆使によって、銀行業は圧倒的なコスト削減を実現できるに違いない。

コスト構造を抜本的に変革して損益分岐点を大幅に引き下げれば、高い損益分岐点を超えるために、目先の収益積み上げに傾かざるをえないような状況から解放される。

デジタル化といえば、すぐにデジタルマネーによるキャッシュレス化やAIを生かした投資相談のロボアドバイザーなどが考えられがちだが、これらは象徴的なものであり、実態的には将来性はあやふやとも言える。

理由は簡単である。デジタルマネーの本格的な時代が到来すれば、銀行は現金回りの業務から解放されて、大幅なコスト削減が可能になることを期待できる。しかし、これは利用者が広範に利用することによって、その果実が得られるようになってからの話である。銀行が主体的に効果を実現できることではない。

実際、デジタルマネーを導入しても、その利用が本格化して、リアルマネー（紙幣など）の決済に取って代わるまでには相当の時間を要すると言われている。

むしろ、銀行業がデジタル技術を導入して抜本的な改革を実現すべき分野は、銀行内部の構造である。

地域銀行のなかでも伊予銀行など一部銀行がすでに着手しているデジタル技術を駆使した小型店舗化がその代表例だろう。これは、デジタル技術が店舗の事務作業量を圧倒的に軽減させることで実現できている。言葉を変えると、営業拠点のオールフロント化（全員の営業力化）である。

こうした改革によって損益分岐点を大きく引き下げれば、営業現場には余裕が生まれるはずである。本部は過剰な営業目標を営業現場に課す必要性も後退するに違いない。

営業現場に営業目標達成へのプレッシャーが弱まれば余裕が生まれて、自身の店舗の地域が抱えているさまざまな問題、課題へと目が向いて、その解決に向けた腰を据えた取り組みができるようになるだろう。

エドワード・ジョーンズのビジネスモデルを目指せ

あるいは、手数料増強のための投信販売などは、現在、存在感を高めつつあるIFA（独立系のファイナンシャル・アドバイザー）との提携に態勢を変えることもありうる。

専門的な商品の提供はその分野のプロフェッショナルの力を導入して、銀行員は顧客の悩みや要望を丹念に聞き取るという顧客接点のプロフェッショナルになればよい。地域銀行には、本来、その条件が備わっている。それは、地域における絶大な信用力である。

米国の証券会社にミズーリ州のセントルイスに本社を構えるエドワード・ジョーンズがある。大手証券会社がニューヨークのウォールストリートにあるのとはかなり異なっている。いわば、地方証券のひとつであるが、リテール（個人営業）分野の存在感は絶大である。

世界で最も信用力がある顧客満足度調査会社、JDパワー社が行なっている投資フルサービス業の全米調査では、つねにトップランクにある。

同社の特徴はその店舗戦略にある。同社は2016年時点で全米に1万4259店舗という巨大なネットワークを構築しているが、特徴はその数だけではない。

基本的に、店舗はアドバイザー1人を配置しているだけである。しかも、店舗進出に当たってアドバイザーは現地で採用しており、その際、積極的に採用しているのは現地の小学校の校長経験者など、いわゆる、その地域の名士である。

そういう人物は、その地域で信頼されており、それがビジネスにも反映される。さらに言えば、名士たる人物は顧客無視のハードセールスは行なわない。自分の名声に傷がつきかねないからだ。

また、彼らに専門的知識が備わっていなくとも、十分にそれを補うだけの独特の仕組みを構築している。商品の説明や投資のあるべきやり方のアドバイスなどについては、商品を組成し運用している運用会社の専門家や投資の専門家を支店に派遣し、彼らにそれを担当させるようにしているからだ。

つまり、支店のアドバイザーは、支店の信頼性を高めることに徹しているのである。このビジネスモデルが正鵠《せいこく》を射ていることは、顧客満足度の高さが物語っている。

エドワード・ジョーンズは証券会社である。したがって、銀行とはビジネスが異なっていることは言うまでもない。しかし、同社のビジネスモデルのエッセンスはきわめて参考になるはずである。

とくに地域銀行は、エドワード・ジョーンズのビジネスモデルを定着化させる条件を備えていると言える。なぜか。地域ではいまだに絶大な信用力があるからである。

ただし、目先の収益を追い続ける限り、信用力という貴重な経営資源を生かすことはできないかもしれない。

地域銀行には地域社会、地域経済を活性化させるだけの潜在的な能力があると信じている。自身の潜在能力、貴重な経営資源を軽視せず、それを一段と生かすような経営改革を断行すれば、地域銀行は躍動感にあふれた次の時代を迎えられる。

しかし、いま、多くの地域銀行はその自身の価値に対する自信を失いかけているようにみえる。これはまことに残念な話と言わざるをえない。

第6章

いま注目の信金・信組はここだ

ここまで地域金融の過去、現在をふり返りながら、未来を展望してきた。では、これから先も生き残れる地域金融機関とは、具体的にどういった特徴があるのか。

本章では、筆者がこの目で見てきた実体験をもとに、地域金融のあり方のモデルともいえる信用金庫・信用組合を紹介していく。

秋田県信用組合
「秋田愛」あふれる新規事業

理事長自ら融資先を視察

2019年2月19日のことである。秋田市内で興味深い組み合わせの2企業による記者会見が開かれた。

一社はトヨタグループの総合商社である豊田通商、もう一社は秋田市の電力ベンチャー企業の「東北小水力発電」である。何事にも厳しいチェックの目を光らせるのがトヨタグループである。果たして、そのめがねに適った東北小水力発電とはいかなる企業なのか――。

小水力発電は、一般河川や農業用水などの水流を活用する発電技術である。再生可能エネルギーのひとつとして注目されている。その発電システムの開発を続けているのが東北小水力発電であり、早稲田大学も加わった3者が提携し、トヨタのハイブリッド車、プリウスのモーターやバッテリー、インバータなどを小水力発電向けに再開発し、東北小水力発電の技術と組み合わせていく。

これが実現すると、低コスト化が図れて、小水力発電の事業化が加速する。同社の注目度が一挙に上がったことは間違いない。今後、さまざまな金融機関が同社に融資や出資の話を持ち込むに違いない。

が、それは今後の話である。それどころか、2011年10月に発足した同社は、2014年にはベンチャー企業ならではの壁に突き当たっていた。資金繰りである。メインの銀行にも「事業化の見通しが十分に立たない」という理由から追加融資を体よく謝絶された。

困り果てたすえに、和久礼次郎社長が訪れたのが秋田県信用組合だった。

対応したのは北林貞男・同信組理事長である。同理事長は自ら、丹念に事業計画を聞き取り、その事業の有望性を感じた。

事業化に成功すれば、雇用機会の創出を期待でき、県外に流出した若者たちを県に引き戻せる。同理事長が日頃から抱くこの思いにも合致していた。

しかし、それだけでは融資はできない。同理事長は同社を訪れて、自らの眼で確かめた。同社では、ＮＡＳＡ（米航空宇宙局）で流体解析技術を学んだ３人の若手社員が熱心に働いていた。それを確認の上、理事長はとりあえず、融資を実行した。しかし、同社はそのとき、研究開発費などに数千万円の資金が必要になっていた。

ベンチャー企業の成長には融資だけでは十分でない。そう結論づけた同理事長は動いた。

全国信用協同組合連合会（全信組連）の内藤純一理事長に協力を仰ぎ、ベンチャーファンド「フューチャーベンチャーキャピタル」も呼び込んで、総額２億円の「秋田元気創生ファンド」を２０１５年10月に設立。東北小水力発電への投資を実行した。トヨタグループとの提携は、その甲斐あっての飛躍と言っても過言ではない。

どじょうの養殖事業のために東京へ

とにかく、北林理事長を筆頭に秋田県信組の「秋田愛」は熱い。

「このままでは２０４０年には県人口が70万人まで減ってしまう。若者が県外に流出しているのは、地元で働く先がないからだ。ひとつでも企業を興して、若者を呼び戻さないといけない」

北林理事長は行動の人だ。その原動力もこの危機意識にあると言える。

第1章で紹介した「田舎ベンチャービジネスクラブ」を拠点として、北林理事長は地元ゼネコン、土建業の経営者を結集して、秋田県ではほとんど行なわれていないニンニク栽培事業を開始。試行錯誤の果てに、付加価値の高い黒ニンニクへの加工へと向かった。そして、開始5年目に黒字化を実現した。

どじょうの養殖事業も仕掛けた。もともと、秋田県ではどじょうの養殖が行なわれてきた歴史がある。しかし、すべてが小規模であり、事業者の高齢化も進展している。しかも、いまや、国内で消費されるどじょうの90％以上を輸入に依存し、国内には特産地は消えた。

そこで、同理事長は県内の13事業者を集めて、２０１４年12月、大規模事業化に向けた「秋田どじょう生産者協議会」を設立し、県の研究機関などを巻き込んだどじょう旋風を巻き起こした。そして、「白神山系の伏流水を活用した安全、安心のどじょう」をキャッチフレーズに事業化を進めていった。

圧巻なのは、販路の開拓である。一大消費市場はやはり、東京に決まっている。そこで、理事長自らが東京に出向いて、販路開拓に汗を流した。どじょう料理の老舗である浅草の「どぜう飯田屋」などを訪れて、売り込みを行なったのだ。いま、飯田屋に行けば、秋田のどじょうを味わうことができる。

ところが、2017年夏、どじょう養殖に異変が生じた。あまりの激暑のなかで、どじょうの産卵が滞る事態が発生してしまったのだ。これは需要に生産量が追い付かないボトルネックとなりかねない。

そこで、同信組と協議会は人工孵化《ふか》と生まれたばかりの稚魚に与える餌の研究・開発に向かった。そして、2018年、ついに人工孵化と餌の開発に成功した。

「いまは、どじょう煎餅の生産に力を注いでいる。東京の信用組合が取引先のプレス機械の開発会社を紹介してくださった。ありがたい話だ」

ニンニク栽培は順調に成長し、いまや、秋田県の名産品のひとつに並ぶまでになっている。どじょうの養殖事業もいよいよ軌道に乗り出した。

そして、再生可能エネルギーも新たなステージに入りつつある。そのつど、同信組は初期投資費用や運転資金などを融資しているが、あくまでも、これが目的ではない。竿燈まつりで竿燈を逆風に向けて掲げるように、人口減など逆風が吹きつける秋田が、その勢いを吹き返すことを目指している。

「やはり、『ホジなし、魂入れれ』なんですよ」（北林理事長）

秋田県信組の「秋田愛」は限りなく深い。

北上信用金庫
地域おこしは食のリデザインから

「ユキノチカラ」プロジェクト

岩手県西和賀《にしわが》町は山深い豪雪地帯にある。2018年も積雪は2メートルを超え、町役場には雪害警戒本部が設置された。人口は2019年2月末時点で5622人。県内で「最初に消滅する町」とも言われている。

同町は2005年11月に旧湯田町、旧沢内《さわうち》村が合併して誕生した。旧沢内村は昭和30年代に村民の医療福祉を充実させ、平均寿命の延長、乳児死亡率ゼロを達成したことで、当時、一躍、注目を集めた自治体である。

近年、再び、この自治体が注目されるようになった。地域おこしに独特の取り組みを続けているからだ。そのひとつが「ユキノチカラ」プロジェクト。それを後押ししているのが北上信用金庫である。

2018年2月、雪の北上市を訪れた。もちろん、北上信金への取材である。本店に行くと、来店客の姿が絶えない。地域に頼りにされる金融機関であるという印象を得た。

同プロジェクトのきっかけは、2012年9月にさかのぼる。

当時、町では観光業の衰退が目立ち始めていた。そこで、同信金は観光客誘致の施策を町役場に提言した。以後、試行錯誤を経て、2014年11月に同信金は町と地域経済活性化に向けた包括提携を締結。その際にメイン施策に据えたのは、ふるさと納税の返礼品を紹介していくことだった。

しかし、それにとどまることはなかった。「さらに打って出ないと、ますます地域は衰退してしまうという危機感があった」（髙橋祐樹・同信金総合支援部副部長）からだ。同信金は町内の生産事業者からの聞き取り調査を丹念に続けた。

そして、同信金は、信金業界の上部組織、信金中金に地域活性化に向けた施策の相談を持ち込んだ。話はトントン拍子で進展した。折しも、信金中金は日本デザイン振興会と地域活性化に取り組むプランを進めようとする矢先にあったからだ。

同信金、町、信金中金、日本デザイン振興会が事務局となって、２０１５年９月、「西和賀町・地方創生地域づくりデザインプロジェクト」が立ち上がった。地域資源を活用した魅力ある商品開発・リデザイン、情報発信、人材教育などに取り組む大型プロジェクトだ。そこで編み出されたのが、西和賀町の食のブランド「ユキノチカラ」である。

待ちから攻めの商売に転換

日本デザイン振興会、同信金などが事務局を務め、商品のデザインなどを６名の県内デザイナーに委託した。

当初、６社だった参加事業者は現在、新規創業者を含め12社に増えた。開発商品は

「西わらびピクルス」、「寒ざらしそば」、山菜を炊き込んだ「ユキノチカラめし」、甘酒アイスの「あまゆきちゃん」、わらび餅の「雪のようせい」など多種多様で増え続けている。

継続的な推進に向けた態勢も整備した。町、商工会、観光協会、産業公社、デザイナー代表、北上信金などで構成する「ユキノチカラプロジェクト推進会議」が商品開発・リデザイン→商品発表→情報発信→販路開拓・観光ツアー→事業評価・マーケティング→商品開発・リデザインへとつながるPDCAサイクルを回している。

同信金は、事業者に対して事業資金融資を実行している。「さらに発信力を高めないといけない」と髙橋氏は課題を挙げる一方で、「事業者は『自信を持つことができた』と言っている。待ちの商売を攻めに転じた」と手応えを実感している。2019年度からは事業者の主体性を強化するプロジェクトが新たに始まる。

最近、「面白いことをやっている町」という情報を耳にして、移住に関心を寄せる外部の人たちも現れだした。「ユキノチカラ」は絶大なのだ。

とはいえ、豪雪地帯である。冬季には同信金職員たちによる「スノーバスターズ」が高齢者、障害者などの家の除雪ボランティアに乗り出す。厳しい生活環境である。

でも、「ユキノチカラ」のパンフレットにはこう記されている。

「静かに落ちてくる雪は、西和賀の山々も田畑も、冬枯れした樹木も、家々も、その全てをすっぽりと覆いつくします。潔いほど、真っ白に、生活を包みこむ雪は凛然として、煌めいて、初々しく。皆さんは、見たことがありますか。降りつもる雪の、またなき美しさを」

「ユキノチカラ」プロジェクトは2018年2月、政府のまち・ひと・しごと創生本部事務局から「地方創生に資する金融機関等の『特徴的な取組事例』」に選出され、北上信金は表彰を受けた。実際、地域全体を巻き込んだ素晴らしい取り組みである。

いわき信用組合

震災に負けず汗を流し続ける

「私たちは、すべてのお客様の顔を知っていますから」

いわき信用組合との初めての出会いは混乱の中だった。

2011年3月11日に発生した東日本大震災間もないタイミングである。いわき市は沿岸部で津波の被害が広がった。加えて、福島第一原発事故である。3月15日までに3度の水素爆発を起こして、いわき市は混乱の極にあった。

そのとき、私はいわき市を訪れていた。震災の取材のためである。

市内は物資不足が甚だしく、街は暗かった。歩き続けていると、ある金融機関の店舗に来店者が集まっていた。そこはいわき信組の平支店だった。

職員の方に話を聞くと、「私たちは震災の翌々日から店を開いて、顧客に対応している」と言う。他の金融機関がいまだ店を締め切っているときである。

それを聞いて、私は小名浜《おなはま》にあるいわき信組の本店を訪れた。本部も混乱していたが、現在、常勤理事を務める本多洋八氏は丁寧に応じてくれた。

「崩壊した店や避難区域の店を除いて、すべてで活動しています」ということであり、津波で家を失ったり、家族が犠牲になったりした人たちに「30万円以内、無担保・無保証で1年間返済据え置きのローン（金利は当時としては破格に安い年1％）を提供しています」と説明された。

本人確認はどうするのかと尋ねると、間髪入れずに返ってきたのは、次のような言葉だった。

「私たちは、すべてのお客様の顔を知っていますから」

運転免許証など本人確認の手段は不要であるということである。悲惨な光景ばかりをみて疲弊し切っていただけに、これは体の奥深くまで浸み込むような感動的な話だった。しかし、これこそ、いわき信組を象徴する言葉であることは、その後、知ることになった。

社会関係資本に基づく活動

いわき信組は「あんしんふれあい訪問」という活動を職員たちが続けている。

個人顧客のうち、65歳以上の独居世帯や店舗周辺の独居世帯への訪問活動だ。それも毎日である。高齢化が進展するなかで、地域の信頼を得ている金融機関だからこそできる活動と言えるが、それを毎日欠かさず続けることは、並大抵の努力ではない。自身に対する確固たる位置付けも必要だ。

それを江尻次郎理事長は「社会関係資本」に帰結させている。

社会関係資本は、1900年ごろに米国で初めて提唱されたソーシャルキャピタル論である。金銭ベースである資本とは異なって、地域のつながり、コミュニティのなかの相互信頼性などが社会に重要な資本として機能するという考え方だ。

同信組の活動のすべてが、この経営哲学に基づいていると言っていい。たとえば、同信組が扱っている各種のローンは、基本的に保証会社の保証をつけない、いわゆるプロパーローンである。債務者が返済不能に陥っても、保証が付いていればローン提供の金融機関には実損は生じない。

したがって、ローンは提供しやすいが、結局、その代償として、ローンの借り手、つまり、債務者は保証料が上乗せされた高い金利水準を余儀なくされる。たいていの金融機関が提供するローンは保証付きである。

これを裏返して言えば、プロパーローンは保証料の上乗せがなく低い金利設定になるが、債務不履行になった際には金融機関には実損が生ずる。同信組は、そのリスクを負うローンを数多く提供している少数派なのだ。

それを支えているのも、社会関係資本の考え方である。ローン利用者と同信組が地域コミュニティの信頼関係でつながっているというわけである。

「地元で就職」を条件にした返済不要の奨学金制度

昨年夏もそれを象徴するモデルを同信組は打ち出した。同組合の営業エリア内にある学校法人などの教育機関と提携した「連携及び協力に関する協定書」に基づく低利の教育ローンである。

対象者は連携先の教育機関への入学予定者、在学生本人もしくは保護者。融資利率は年２・５％と、この種のローン商品のなかではきわめて低金利に設定した。そのうえ、学生・生徒が卒業後、いわき信組の営業エリアであるいわき市内などで就職、起業・開業した場合、１％幅で融資利率を引き下げる。

「やはり、若者の地元での就職を促進して、街を活性化したい」（江尻理事長）

震災後、いわき市でも若者の福島県外への流出は途絶えていないことを意識したものと言える。

同信組ではこのローンよりも早くから、同市内の２大学、高等専門学校の学生を対象として、返済不要の給付型奨学金制度を運営している。

「魅力ある企業を育てるには子育てや人材育成が欠かせない」からだ。同制度も「卒業後、いわき市内で就職する」という条件が設定されている。

そこで、江尻理事長にそれを確認したことがある。すると、同理事長は「市内で就職しなかったから返済せよ、などと言えますか」と笑いとばした。

ことほどさように、この信組は地域に根差して地域とともにあることを実践し続けている。地域商社プロジェクト、IT事業者が開発した農業の生産性向上システムを実用化し、震災後に低下した地域農業の生産力回復の取り組み等々、地域のためにならば、惜しみなく汗を流し続けている。

それに地域も応えている。ちなみに、震災の直後に無担保で実行した個人ローンは総額350万円だったが、「その後2年ほどで全額回収となった」と言う。

江尻理事長が提唱する社会関係資本は、いわきで着実に機能し続けている。

塩沢信用組合

経営者をやる気にさせる「10のプロジェクト」

個人の借金まで肩代わり

第3章でふれたように、新潟県の塩沢信組は2017年に営業目標の全廃という大方針を打ち立てて、実行した。

そして、全廃の計数目標に代わって打ち出したのが、「10のプロジェクト」への徹底的な取り組みだった。10取引先への集中的な支援である。

各営業店に2つのプロジェクトを設定して、支店長以下、全職員で対象取引先の経営改善に専念する。事業方針の大転換といい、質的にも一年を貫く大プロジェクトである。そこで、当初、内部に混乱が生じたわけだが、問題はそれだけではなかった。

経営に大きな課題を抱えた経営者のなかには、とかく負け癖がついて、事業意欲を失いかけているケースがある。職員が事業の改善に向けた提案書を策定し、「当組合がお手伝いするので頑張りましょう」と熱心に説いても、心を閉ざしたままで、まともに取り合ってもらえない。

ある老舗レストランの経営者もそうだった。来店客が減って売り上げは低迷、食材ロスも発生した結果、質が劣る食材の利用となり、さらに客足が遠のくという悪循環に陥っていた。最後は税金滞納まで生じて、倒産は時間の問題というような状況。経営者は半ば諦めかけていた。

塩沢信組の小野澤一成理事長はそれを深く憂慮した。同レストランが取引先であるというだけではない。同店は老舗で街のシンボル的な存在でもある。その店が閉鎖され、国道沿いの東京資本のレストランチェーンだけということになれば、地域に負のイメージが生じかねない。集中支援先への選定にもこの気持ちがあった。

だが、同信組の職員が足しげく通い、「あなたの店は地元になくてはならない存在だ」と訴えたにもかかわらず、経営者の反応は鈍いままだった。

そのような報告を受け続けていた同理事長はついに決断した。「金繰り問題から経営者の頭を解放する」と。

レストランの経営者は他の金融機関からの借入金3000万円、税滞納分のみならず、知人からの借金、業者への支払いの滞納まで負債が膨らんでいた。それをすべてまとめて、同信組が肩代わりするという判断であり、実行に移した。

雪国なのにマンゴー

同理事長の決断は正鵠を射た。ようやく、経営者にやる気が蘇《よみがえ》った。そこで、同組合の職員たちは店内を明るくするなどの内装のてこ入れから、メニュー構成の刷新等々まで独自に考案し、そして、実行していった。

たとえば、メニューには地元でも手に入りにくいと評判の食材をあえて使った品目をラインナップ化し、話題性あふれるようにした。

それから約半年後の2018年3月のことである。魚沼市で開催された飲食店キャンペーンで同レストランは月間売り上げトップに躍り出た。見事な復活劇である。

「当組合内で戦略を練ったため、内部会議時間は前年に比べて3倍にもなった」（同理事長）。職員たちが営業で外回りする時間は減り、業績も落ちた。でも、それを埋めて余りある効果を得たことは、理事長の笑顔が物語っている。

「10のプロジェクト」には新機軸の事業もあった。なんと「雪国マンゴープロジェクト」である。マンゴーは南国の特産物である。それを雪深い新潟県の内陸部で名産品にするというチャレンジだ。

話は2010年ごろにさかのぼる。取引先の掘削業者が自社敷地内で温泉を掘り当てた。経営者は喜んで、ヘルスセンター建設を思いつき、小野澤理事長に相談を持ち掛けた。だが、同理事長はこの構想に乗らなかった。猛反対したのだ。

地域おこし、地域活性化に熱い思いを募らせていた同理事長にとって、地元住民の憩いの場では物足りなかったからだ。

そんなある日、経営者の自宅を訪れていた同理事長は、経営者が趣味でやっている果実のハウス栽培の苗に目が留まった。そのなかに、マンゴーの苗があった。同理事長はある直感を得て、こう提案した。

「温泉を生かしたマンゴー栽培ならば融資する」

栽培用ハウス建設の融資はもとより、ブランド化、販売戦略まで同信組がアドバイスした。それだけではない。栽培技術の体得のために、経営者と同組合の職員が宮崎県まで訪問したりした。

「雪国マンゴー」という奇抜なネーミングも、実質的な販路である「オーナー制」も考案し実現した。かくして、雪国マンゴーはこの地の特産物となった。

同組合の地域愛は特産物の創出にとどまらない。たとえば、同信組の呼びかけで2016年9月に発足した「魚沼未来の基金」もそうだ、地域の企業、個人など数多くの賛同を得て寄付が集まった同基金は、地域のひとり親家庭で高校進学を予定している中学生を対象とした給付型奨学金制度である。翌2017年3月に開催された第一回目の贈呈式の場で、小野澤理事長はこう生徒たちに語り掛けた。

「みなさんは一人ではありません。多くの地域の人に支えられています。その自覚をもって、いつか地域を支える一員になってくれることを期待します」

地域とともに生きる金融機関の神髄がみえてくる。

枚方信用金庫

「つなぐ、つなげる、つながる」全国初の取り組み

人口減少と高齢化を一度に解決する「巡リズム」

大阪府はかねて「信金王国」と呼ばれてきた。１９９０年代の業界大再編を経ても、いまだに、府下では地域ごとに信金が存在感を誇示している。

そのひとつが大阪府の北河内7市を経営地盤とする枚方信金である。淀川の反対側で阪急電鉄沿いの茨木、高槻などの地域と比べると、京阪本線沿いのこちらの地域は庶民的なムードが漂っている。

吉野敬昌氏が同信金の理事長に就任したのは2013年6月である。以後、吉野理事長の下で、同信金は地域の最大の課題に全力投球で取り組んでいる。

その課題とは人口減少、高齢化である。とにかく、その取り組みには目を見張るものがある。前述したように、同信金は枚方市駅前の研修施設を実質的にタダで社会福祉法人に貸与し保育所に転換した。「市内に待機児童170人という話を聞いて、すぐに動いた」（吉野理事長）結果である。「待機児童ゼロとしない限り、子育て世代が枚方に安心して転入してこない」という判断に基づく決断だった。

当時、保育所への施設提供は金融機関として全国初の試みだったが、断わっておくと、同信金のそれまでの挑戦にも「全国初」が少なくない。

その象徴的な取り組みが、近居・住み替え促進の「巡リズム」である。

地域の高齢化の進展を踏まえて、同信金は、女性職員が高齢者の個人顧客を月一回は訪問し続けている。定期積金の集金などの名目でありながら、実際には独居の高齢顧客の健康チェックに最大の目的を置いた見守り戸別訪問だ。

顧客の表情から会話の内容、さらには庭の手入れ具合、郵便ポストの状況、室内整理の状況等々まで注意深くチェックし、それを項目ごとに記入した資料を遠隔地に住む子供たちに無償で年2回郵送し続けている。

そうしたなかで、同信金がさらに一歩、施策を具体化したのが「巡リズム」である。枚方市とその周辺地域では、核家族化と少子化の進行で世帯人口が下がり続けている一方で、世帯数は増加している。これは独居の高齢世帯数が拡大しているからである。

そこで同信金が開始したのが、地域版コンパクトシティ化のプロジェクトである。高齢者世代が枚方市内のサ高住（サービス付き高齢者向け住宅）や民間版特養（特別養護老人ホーム）などの高齢者専用住居に移り住み、所有住宅は「売却、賃貸、取り壊し」などを通じて、子育て世代の転入を促進していく。

人口減少が進展すると、地域に空き家が増える。空き家が増えるような状況になれば、地域の疲弊が深まってしまう。この悪い循環を断ち切って、地域の好循環に変えるためのプロジェクトが「巡リズム」だ。

それに同信金が挑戦したのは、「地域が疲弊したら、われわれの存在価値が失われる。銀行はいざとなると逃げることができるが、われわれは地域と運命共同体にある」（須山俊寛・専務理事）という地域密着の信金の経営理念に基づいている。

高齢者目線に立った仕組み作り

しかし、時間は刻々と過ぎていく。独居の高齢者が亡くなったりして自宅が空き家になってからでは、相続人などの所有者との連絡や連携も困難化しかねない。

そこで、同信金は素早く動いた。まず、2016年4月から全店をあげて、取引先の高齢者宅をローラーし、半年間で4648先を訪問した。現在はさらに拡大し、1万8000件の住まいや暮らしに関するアンケート調査結果をデータベース化している。

同時に、大手クラス、地元業者の約50先のハウスメーカーと連携し、枚方市など7市とも連携を結んだ。それによって、官と民がネットワークを組む事業化モデルを構築し、高齢者が気軽に相談できる体制と、個々の相談者の事情に合わせた最善の解決策を提案できる仕組みを作り上げた。

その結果、最近までに住宅や空き屋の活用に関する相談は190件に達し、売却や賃貸を希望する高齢者をハウスメーカーに紹介し、成約につながるケースが増えている。同信金は、リフォーム資金や売却先の購入資金の提供などで融資を伸ばしている。

同信金の地域対策はこれでとどまってはいない。吉野理事長は次のような構想を語っている。

「いま、高齢者施設はコスト削減、人手不足という問題を抱えている。そこで、ICT（情報通信技術）の活用による省力化とともに、周辺の高齢者で元気な方には、料理、清掃など施設での短時間労働をできないだろうかと考えている。そうすると、高齢者の方は、いざ、自分が入所する際には、職員たちは知人となっているし、施設も分かっていて、入所しやすい。つまり、高齢者の方が喜んで入所できる施設を作ろうというわけです」

同理事長は、高齢化には生命寿命、健康寿命、資産寿命があると指摘する。気持ちよく働けば、健康寿命の増進となり、短時間労働でも資産寿命に役立つ。そして、自宅を賃貸、売却して若い世代が転入してくれれば、街は高齢者施設を若い世帯が取り巻くような形で活気づく。そのためにも、駅前にある自社の研修施設は保育所に変え、若者たちの創業支援には手厚いフォローを提供している。

また、地元の零細事業者が自宅で簡単にできる血液検査の仕組みも、医療機関と提携して実現している。

地域において、地域金融機関の信用力は絶大だ。そのパワーを自覚して、「つなぐ、つなげる、つながる」という連携プロジェクトに邁進し続けている枚方信金は、協同組織金融機関のみならず、信用力をモットーとする金融業が模範とすべきである。何もしなければ、信用力も宝の持ち腐れになるのだから。

広島市信用組合

「捨てる経営」が融資のプロを育てる

群を抜いて高い預貸率

広島市民から「シシンヨー」の愛称で呼ばれる広島市信用組合は、山本明弘理事長が率いる熱い金融機関である。とにかく、同理事長の「融資はロマンである」という経営哲学に基づいて、投信、生命保険の販売は行なわず、カードローンも推進しない方針が貫かれている。

預金業務を除けば、営業現場の取り組みは融資に絞られている。同理事長はそれを

「捨てる経営」と呼ぶ。やるべきことを徹底するために、ほかは捨てるという選択と集中である。

その効果は覿面《てきめん》である。広島第一信組との合併直後の２００１年３月末に２２１３億円だった貸出金残高を、２０１８年12月末には５６２３億円まで積み上げた。さすがに合併直後は足踏みとなったものの、以後、17年間にわたって残高成長が続いている。

その間、預金残高も増え続けているのだが、預金残高に占める貸出金残高の比率である預貸率は、一貫して80％台の後半にある。２０１８年12月末も86％の水準である。貸出難と言われる昨今、多くの金融機関の預貸率は60％程度にとどまっている。シンヨーの預貸率がいかに高いかが理解できるだろう。

融資の可否は速やかに

とにかく、経営の歯車は与信に向かって回転し続けている。これは営業現場だけの話ではない。融資実行の是非を最終決定する役員会議は毎朝６時45分に始まる。

そのために、山本理事長は早朝３時台に起床し、４時45分に自宅を出てタクシーで本部に向かう。5時過ぎにはデスクワークを開始し、各営業店からの報告すべてに目を通して役員会議に向かう。

「役員は職員の5倍、10倍働け。支店長は職員の手本になれ」

日頃、発している言葉通りのライフスタイルである。そのために、夜の宴席も休日のゴルフも一切しない。食事内容などの健康管理も怠らない。仕事の鬼である。

同理事長は小難しいことを言わない。簡単明瞭である。

たとえば、職員たちには「融資大好き人間になれ」と説く。それは、「地元で集めた預金は地元企業への融資に活かす」という地域の資金循環のためである。この姿勢は徹底している。

「赤字、繰欠（繰越欠損金）、債務超過でも構わない。真剣に経営している企業の相談に乗って、融資の可能性を探る。ミドルリスクでもけっこう」と、同理事長は融資の基本姿勢を説明する。

ただし、役員会議のチェックは厳しい。たとえば、２０１９年2月にもこのような一幕があった。優良と言われる企業から借入相談があった。支店長は前向きの報告を本部に挙げてきた。が、同理事長を筆頭に役員会議が下した結論は「ノー」だった。

いかに優良企業であっても、その業種で決算書にある収益状況はあまりにも好調すぎるという点が引っ掛かったのである。

このように、早朝の役員会議は与信判断のうえできわめて重要なのだが、もうひとつ、欠かしてはいけない視点がある。本部の役員全員が融資実行の最終責任を負うという形の徹底である。それも速やかな決定だ。

支店長たちは本部に申請して、その後、だらだらと待たされることはない。顧客へのクイックレスポンスを実現できる。しかも、この責任態勢によって、営業現場はひたすら資金需要の発掘に集中できる。

災害時に存在感を発揮

そんな同信組にとって、2018年は格別に多忙な1年だったと言える。7月、広島は集中豪雨に見舞われた。

シシンヨーも安浦支店が浸水の被害を受けた。直後、同理事長は役員全員に非常呼集をかけ、水害で道路が寸断されているなかで、同支店の復旧、顧客の支援に向けて海路などのルートを模索。新幹線が三原駅まで動くことを確認するや、食料品、資材などを運び入れて向かった。

三原からはどうにかレンタカーを一台確保して現地入りし、同支店長以下全員で支店の復旧に注力し、一日も休まずに開店した。他の金融機関の店は締め切ったままだったが、同支店は非常時に困窮して預金解約に訪れる顧客に対応した。

結局、同理事長は4日間、現地で陣頭指揮を執り、総勢40人で非常事態を乗り切ったという。非常時こそ存在感を発揮する地域金融機関ならではの動きだったと言える。

通算12回のローラー作戦

それから約4カ月後の11月12日、同信組は安浦支店と同じ呉《くれ》市内に「広支店」を新規開設した。

広島市を本拠とする同信組にとって、呉市への店舗拡大は気楽な話ではない。地域銀行がすでに出店しているし、地元の呉信金もあるからだ。地域的な文化が異なっている面もある。したがって、「シシンヨーは出店に失敗するのではないか」という下馬評も飛んでいた。

ところが、オープンからわずか4カ月で、新店の貸出金残高を150億円台まで積み上げて、預金残高は110億円台に達した。

これは、奇跡に近い出来事である。断わっておくが、貸出には厳しい規模的な規制がある。大口融資一発で、残高を伸ばすというようなマジックはありえない。

マジックではない証拠に同信組は汗をかいていた。店舗の建物が出来上がってから5カ月間、オープンさせず、その間、既存店の支店長たちを総動員して、通算12回にわたって、丹念な訪問営業を徹底的に繰り広げた。俗にいう、ローラー作戦である。理事長もオープン後、融資先を中心に200社訪問している。女性職員も定期預金の営業に回った。要は、総力戦による壁の突破である。

その戦略の手応えが増していた2019年1月、同信組にはほかにも朗報がもたらされていた。取引先の一社である再生医療ベンチャー、ツーセル社（辻紘一郎社長）の技術が認められ、中外製薬との提携が報じられた。

ツーセル社との出会いは6年前である。2003年に広島大学発という形態で誕生したが、当時、どこの金融機関も融資に応じないという窮状に直面していた。そこで、山本理事長は自ら、同社を訪ねて、社員たちが懸命に働いている光景などを見極め、辻社長から開発技術の説明を受けた。同理事長が下した結論は「取引開始」だった。

同社は2014年3月期決算まで最終赤字を脱却できずにいたものの、同年春には最初の融資を実行、現在までに累計4億円ほどの融資額になったし、ベンチャー企業に不可欠なエクイティ（出資）も提供した。そのツーセル社が大手製薬会社と組むステージに突入した。

「取引先企業の成長を目の当たりにする。これこそ仕事の喜びです」

この喜びも企業、経営者を見極める融資のプロフェッショナルの眼があってこそ得られる。

「とにかく、融資のプロになれと、わしはみんなに言っとります」

捨てる経営で脇目もふらずに努力してプロになっていく。山本理事長の背中はそう語っている。

足立成和信用金庫

都内の「お菓子王国」が若者を呼び込む

中小零細事業と深いかかわり

「あだち菓子本舗」という名をご存じだろうか。東京・足立区の菓子製造業者15社が集まって立ち上げた菓子のブランドである。その中核的な存在が同区の地元金融機関、足立成和信用金庫である。

まず、東京の菓子の歴史からひも解くと、江戸時代にまでさかのぼる。江戸時代中期からお菓子は江戸庶民のあいだで広まった。もちろん、そこには作り手がいた。当初、菓子製造は職人の街、神田周辺で盛んになって、そのまま、明治を迎えた。

そこに異変が生じた。1923年の関東大震災である。

この大規模災害とその後の都市計画を通じて、お菓子職人たちは台東区、荒川区に移り住んでいった。そして、第二次大戦後の10年あまりのあいだに、足立区に移転したり、この地で起業したりする製造業者が増えた。足立区には、生鮮食品の市場があり、平地が広がっているという工場立地の良さが着目されたからだ。

その結果、いまでは、東京都内の菓子製造業組合に所属する事業者の30％が同区内に集まるという菓子業の集積地となっている。

とはいえ、事業拡大に成功した事業者のなかには都内の他地域に移転したケースもあって、事業規模で言えば中小零細事業者ばかりである。

いうまでもなく、足立成和信金はそれらの事業者と深いかかわりを持つ地元金融機関である。同事業者を盛りたてる取り組みを多角的に行なってきた。

近年でも2014年度以降、区内の東京未来大学との連携で菓子製造業者との新商品開発を行ない、2016年度からは食品製造事業者とスーパーマーケットなどのバイヤーとのマッチング「地元・食の商談会」を開催、多くの業者が参加している。

その延長線上で開始したのが、「あだち菓子本舗」である。これは、食の商談会でのある出来事が発端だった。

お菓子のセット販売で取引先の課題を解決

焼きたてパンなどの製造・販売を行なっているある業者が、かねてより地元産の菓子を店頭に品揃えしたいという願望を抱いていることを、同信金の地域連携・活性化参与の松場孝一氏が知った。

松場氏は、足立区内で支店長を6カ店も務め上げ、足立区の隅々まで知り抜いている。まさに、地域連携に最適の信金マンである。

そこで、同氏は動いた。この事業者のニーズを満たすだけではなく、この際、足立区の菓子の知名度を向上させるために何をすべきか——。同氏が考えたのは、取引先事業者のお菓子を詰め合わせにしたセット販売だった。

２０１７年５月、同信金は「足立の菓子活性化会議」を設置、開催した。製造業者代表、菓子販売希望業者のほかに、足立区役所の経済産業部、政策経営部の担当者、街おこしの学識経験者として東京未来大学の特任教授というメンバーである。

まず、現状把握に取り組んだ。その結果、①零細業者が多い。②手作り、伝統的な製法のため、大手菓子メーカーのオートメーション製法に比べて製造コストが高い。③販売企業から発注されるＯＥＭ受注が多く、製造業者名が表面に出ない。④地元ではなく、地方で販売されることが多い。⑤後継者難で廃業も多い、等々の問題点が洗い出された。

そして、目標化されたのが、「商品の共同仕入れを実現し、足立区の土産品、特産物として販売し、製造業者を元気にする」というビジョンだった。

そのために編み出されたのが、同信金がハブ的な役割を担って、菓子業者、小売店、区役所が連携する地域活性化スキームである。

同時に、同信金は会議を全22回開催して、東京都よろず支援拠点に事業化の妥当性を相談するとともに、クラウドファンディングの戦略化、参加事業者の選定、紙袋・ロゴマークの検討、協力先の小売業・スーパーマーケットへの商品の成分表示の提出等々、あれこれと走り回った。

かくして、2017年11月に正式決定したネーミングが、「あだち菓子本舗」である。参加15事業者の商品は、かりんとう、五家宝《ごかぼう》、リンゴジャムサンド、豆板《まめいた》、ウエハース、金平糖、ゴーフレット、おこしなど、壮年世代以上にとっては懐かしいお菓子ばかりが並んでいる。

当初、袋詰めだった体裁は試行錯誤を重ねて、いまは、8種類入りの贈答用の箱詰め商品など多様化させている。紙袋、商品パッケージなどもプロのデザイナーの力を借りて、どんどん垢抜けしてきている。

販売拠点もイトーヨーカドー竹の塚店に常設売り場が設けられたほか、イオン、ベニースーパーなどの小売業や、足立区観光交流協会などに広がっている。販売網の拡充もあって、2018年には1カ月平均で約1000個が売れている。

地域経済エコシステムの好例

ただし、これで満足しているわけではない。松場氏はこう語る。

「納品スタッフ不足で販路拡大が遅れがちで、当初の売上計画の50％に実績がとどまっている。参加事業者は製造で精いっぱい。納品には協力的でもイベントなどへの人的派遣は容易ではない」

いわば、潜在的な消費ニーズに対して供給態勢が追い付かないということだろう。こうしたボトルネックの解消に汗を流すのが、同信金の役割でもある。

いまは、足立区の「地産・地消」モデルであるが、課題を克服すれば同区外への販売網拡充もあっておかしくない。また、松場氏は「菓子工場の見学に足立区の名所巡りを組み合わせて、インバウンドの需要を取り込めないか」と思案している。

金融庁は現在、地元の経済界、官庁と金融機関が組んで進める地域活性化策、地域経済エコシステムへの積極的関与を地域銀行に呼びかけているが、まさに足立成和信金はそれを率先していると言える。

東京都内でも足立区は近年、大きく変化しつつある。他地域からの大学の移転も多い。ただし、高齢化率、要支援・要介護認定率は高い。

そうしたなかで若い世代の流入は重要である。土屋武司理事長は「区役所との地域連携協定などを発展させて、新しい街づくりに傾注する」と力説する。そのうち、足立区は都内で最もホットなお菓子王国になっているかもしれない。

第一勧業信用組合

「セールス禁止令」から始まった「芸者さんローン」

あなたのローン商品

近年、話題豊富な金融機関のひとつが、東京・四谷に本店を構える第一勧業信用組合である。協同組織金融機関としての原点に立ち返りながら、かつ、そこにとどまらない新機軸を打ち出し続けているからだ。

その立役者である新田信行理事長は、もともと、みずほ銀行で常務執行役員を務めていたメガバンクマンである。２０１３年に同信組の理事長に就任して以後、圧倒的なスピード感で改革を実行し続けている。そのストーリーと考え方は同理事長の著書『よみがえる金融　協同組織金融機関の未来』（ダイヤモンド社）を読めば、よく理解できる。

同信組の名を一躍広めたのが、無担保・無保証のコミュニティローンである。その第一号商品は、現役の芸者さん向けのローン、通称、「芸者さんローン」だった。きっかけは２０１６年春のある出来事である。一人の芸者さんが同信組の墨田支店を訪ねてきた。

「自分の店をもちたいので、おカネを借りられないか」

その事業計画の真摯さやその方の人柄を踏まえて、同信組は融資を実行した。そして、ある日、その方が営む小料理屋を新田理事長たちが訪れると、大変に喜ばれた。

同理事長は「これだ」と感じた。たんに融資を実行するというだけではなく、芸者さんに対して、無担保・無保証のローンを提供するということをきちんと打ち出したらどうか――。

これが「芸者さんローン」誕生の秘話である。いまや、同信組では事業者別に、無担保・無保証を原則とするコミュニティローンを数多く商品化している。

そのネーミングは、「皮革業者ローン」といったようにきわめて細かい。個々の商品が仕組み上、異なっているというわけではない。ほとんどは同じ商品性であるが、ネーミングが個別であるのは、「あなたのローン商品です」という圧倒的な訴求性を意識したからである。2019年3月現在、コミュニティローンは約470商品になっている。

縦横無尽の積極展開

同理事長の改革路線は画期的であり、効果的である。たとえば、営業担当職員たちには「セールス禁止令」を出した。物を売ってはいけないということではない。「これを買ってください」方式の押し売り的な営業活動の戒めである。

銀行などの金融機関の営業現場で往々にして生じているのは、「買ってください」方式の営業活動による弊害である。顧客は初めのうちは「仕方がない」と受け取れるが、次第に「勘弁してよ」となって、最後は「もう来ないでほしい」という最後通告にまでなってしまう。顧客本位のカスタマー・インではなく、「売らんかな」のプロダクト・アウト式のビジネスの限界である。

それを禁じて、同理事長が職員たちに説いたのは、「お客様に好かれることをする」という原則だった。顧客に好かれ、信頼されれば、さまざまな相談を持ちかけられる。それを解決していくのが、金融機関の本来的な役割であるという考え方に基づいた方針である。

改革路線は、さまざまな連携にも表れている。そのひとつが地方の信組との連携協定である。信組は協同組織金融であり、そもそも、系統組織でつながっている。だが、それは系統上部機関とのタテのつながりであり、全国的なヨコのつながりはそれほど強固ではなかった。そこで、同組合は、地方の信組と次々と連携し、たとえば、地方の名産物を第一勧業信組が有する東京都内のネットワークで販売する「地産都消」を推し進めて、同信組の本部の一部を連携先の信組には、事実上の「東京オフィス」として提供したりするつながりを深めている。

連携先は増え続けて、全国29信組とつながり、さらには業界の壁を越えて4地銀、1信金、1証券会社とも連携し、さらには9自治体にまで連携先が広がっている。

また、創業支援にも積極的に関わっている。創業支援ファンドを立ち上げたほか、2016年にはアクセラレータープログラムを銀行など大手金融機関に先駆けて主催した。縦横無尽の積極展開と言っていい。

新田氏が理事長に就任する以前には、同信組は業績に苦闘していた。貸出金残高も漸減傾向にあった。しかし、改革路線の下で貸出金残高は増加に転じて、業績は四年間のうちに、見事なV字回復を遂げた。愛称である「第一勧信」のネームバリューも高まっている。

いまや、東京都内で最もホットな金融機関のひとつが第一勧信であると言っても過言ではない。職員も生き生きとしている。

＊　＊

ここで紹介できたのは、地域に根を張って地域とともに生きている信金・信組の一部にすぎない。ほかにも、独特の取り組みで地域、地域の人たちに貢献している「わが街の金融機関」がある。

それらの信金・信組までここで紹介しきれないのは、きわめて残念である。しかし、地域を愛し、地域に愛される金融機関は地域の信認を得て、これからも生き続けるに違いない。いずれのときか、その取り組みを改めて報告できることを望んでいる。

終章

地域金融に託された希望

三重銀行が取り組む「ごまの産地化」プロジェクト

金融機関を取り巻く環境は厳しい。したがって、全国各地で地域金融機関が悪戦苦闘している。これは、いまさら繰り返す必要はない話である。

だが、その一方では、拍手を送りたくなるような事業に腰を据えて取り組んでいるケースもある。

その一例が三重県の地域銀行グループ、三十三フィナンシャルグループである。その母体の一つ、四日市市に本店を構える三重銀行は、グループ企業の三十三総研（旧、三重銀総研）を中核として、地域活性化に取り組んできた。そのひとつが「ごまの産地化」プロジェクトである。

「ごまの産地化」と言うと、全国各地でごまを生産しているのではないかと考える向きがいるかもしれない。しかしそれは大いなる誤解である。少なくとも、消費ベースでは99％が海外に依存している。要するに、典型的な輸入依存である。

その原因の一つは、生産効率の悪さにある。小さいごま粒を収穫する手間暇を想像しただけで理解できるだろう。しかし、一般論で言えば、海外生産では農薬汚染などの懸念があり、さらに輸入はつねにグローバルな経済情勢、政治情勢に揺れ動かされるリスクがある。安定的な供給の確保とは言い切れない部分があるし、健康食品というごまの特性からすると、その品質に関わる問題にもなる。

そこで、三重銀グループは主要取引先企業であり、ごまを原料とする製品の製造・販売を行なう地元の老舗企業、九鬼産業を応援する形で「国内産のごま」事業に注力してきている。

２０１８年秋、それを取材すべく、四日市市の三十三総研の伊藤公昭専務（三重銀行地方創生推進室長を兼務）のもとを訪れた。

筆者はこの人物を「地域おこしプロジェクトの玉手箱」と称して、本人から爆笑されたが、実際、その知見、行動力はずば抜けている。プロジェクトの実現意欲も目を見張るものがある。地域銀行が人材を擁していることを改めて認識させられた人物である。

三重県は経済活性化に向けて、企業が事業プランを競い合うビジネスプランコンテストを開催していた。その運営のバトンを三重銀行グループに渡したのは２０１３年のことである。

以後、同銀行はこのイベントを毎年、開催し続けている。コンテストでビジネスプランが選ばれた企業に対して、同グループはプランの事業化に向けて、さまざまな支援策を提供している。

同銀行グループがコンテストを任された初年度に準グランプリに選出されたのが、九鬼産業の「ごまの国内産地化プロジェクト」である。

九鬼産業は農業法人を設立し、ごま栽培に乗り出していたが、低生産性の壁にぶちあたっていた。栽培を軌道に乗せるには、この壁をブレークスルーする必要があり、そのためにもコンテストに応募したのだった。

三重銀行グループは国内最大の生産地である鹿児島県南さつま市金峰町のごま栽培組合から栽培方法などを学ぶと同時に、克服すべき課題を洗い出した。それに基づいて、一年後、事業を本格的に開始した。それに際して、県内の耕作放棄地などの活用と働き手の充実化に注力した。

「地域の将来をデザインする力が求められている」

働き手の確保では、県内の障がい者福祉施設との連携に動いた。その発端は、ある日、県関係者から聞いた「障がい者の健康促進、生きがいの向上に農作業が活用されている」という情報だった。三重銀総研は、紹介された四日市市の障がい福祉サービス施設に協力を仰ぎ、先方からの快諾を得た。

四日市市で始まった栽培は県内で次第に広がり、栽培の担い手であるプロジェクトの参加事業者数は17年10月までに7つの障がい福祉サービス事業所、19戸の農業者に増え、事業会社も九鬼産業の子会社である九鬼ファームなど5社に増加した。

また、同総研のコーディネートによって、県の農林水産部や農業研究所、国立研究開発法人農業・食品産業技術総合研究機構と順次、連携の輪が広がっている。民間でも井関農機が収穫機械のアタッチメント開発で加わっている。

三重県のごま栽培面積はプロジェクト開始直後には2・13ヘクタールとなり、2017年には17・4ヘクタールと全国2位レベルに拡大した。2027年度には100ヘクタールまで広げる計画である。もちろん、それに伴って収穫量は増えていき、働き手の裾野を広げる必要性も増すに違いないが、やはり、障がい者の健康増進、就労の道を開いた意義は大きい。多面的に社会の活性化に資するプロジェクトである。

プロジェクト推進の先頭に立ってきた伊藤氏は、地域金融機関の真価は「地域連携事業化のコーディネーターとしての役割を果たせるかどうかにかかっている」と言う。ごま栽培プロジェクトは、まさにその好例と言えるだろう。

着目したいのは、伊藤氏のデザイン力だ。将来の三重県の姿をきちんと描いたうえでプロジェクトを創造している。同氏はこう語る。

「三重県は２０４０年には、現状から70％も人口が減ると試算されている地域もある。一方、江戸時代から薬草の研究がさかんに行なわれていた歴史があるし、昔から伊勢には観光客が大勢訪れていたことは言うまでもない。そのような歴史を見つめて、さらに磨き上げ、現状を踏まえ、三重県の将来をデザインする。県南、県北のそれぞれに応じた施策を考案して実行していく。地域銀行には、このようにして地域の将来をデザインする力が求められている」

ビジネスマッチングサービスから創業塾まで

三重銀行グループの地域活性化策を知ったのは、内閣官房の「まち・ひと・しごと創生本部事務局」が毎年度末に公表している「地方創生に資する金融機関等の『特徴的な取組事例』」からである。派手な表現が控えられる官庁らしい、お世辞にも興味をそそられるとは言えないネーミングだが、その内容はきわめて面白い。

全国各地の金融機関が取り組んでいる地域活性化プロジェクトのなかから数十ケースを選び出して、該当金融機関には大臣表彰が送られる。三重銀行グループはこの常連組であり、平成29年度版で「ごまの国内産地化プロジェクト」も選ばれた。待ちわびていた平成30年度版は、２０１９年3月26日に公表された。やはり、興味深い各地の取り組みが盛り込まれている。

取り組み事例の総計は、平成28年度版43、平成29年度版55、平成30年度版48を数え、そのなかで、地域銀行は同様に、18（うち、第二地銀2）、15（同、2）、16（同、2）であり、信金は13、23、19、信組は2、8、3という業態別金融機関数の推移となっている。

平成30年度版の一部を紹介すると、京都信金の「ゆたかなコミュニティの創造に向けた情報マッチング」がある。これは、顧客の経営課題を解決するため、社内のネットワーク内に情報マッチング掲示板というものを独自に開発して高い実績をあげているというものだ。

2018年度のビジネスマッチング実績は登録件数2838件、引き合わせ件数1499件、成約件数478件であり、掲示板に経営課題を投稿すると、半日で10件程度の返信があるという。

新潟県の柏崎信金は、「行政と連携した創業塾『柏崎・社長のたまご塾』」といって、地域経済の新たな担い手として期待される若者や女性から高齢者までが気軽に相談できる創業塾を設立・運営している。

開塾後3年半で入塾者102名のうち、32名が創業、現在まで廃業は皆無という。最近では、70歳超の高齢者も入塾しているほど、市民から認知される取り組みになっている。同信金は創業の際の資金ニーズにも対応している。

そして、常連組の三重銀行は経営統合した第三銀行とともに、「薬草を生かした先進的なガストロノミーコンテンツの企画・実現」である。

日本薬草学会や地元の鈴鹿医療科学大学などと連携し、ガストロノミーツーリズムの開催や、地元温泉旅館での薬膳、鍼灸を活用した宿泊プランのプロモーションなどを実現している。併せて、三重県を薬草の一大中心地にすることを目指す。

もちろん、このプロジェクトを主導したのも三十三総研の伊藤専務であり、同氏が地域金融機関として追求する「地域連携事業化」に向けたコーディネーターの役割がいかんなく発揮されたケースと言える。

地域の声を吸い上げるキーマンたち

内閣官房の公表内容をみると、「特徴的な取組事例」に選ばれているのは、三重銀行に限らず、多くが常連組の金融機関である。裏返して言えば、多くの金融機関は何年も選出されていない。これをどう考えていけばいいのか。

知っている限りでいえば、取り組み事例は特定の金融機関に集中しがちである。そして、そのような金融機関には、伊藤氏のようなキーマンが必ずいる。

たとえば、静岡銀行も常連組のひとつだが、同銀行は営業副本部長で地方創生担当の大橋弘・常務執行役員がチームの先頭に立って動き続けている。同銀行は今回、「ＡＩを活用した小中学校におけるアダプティブ・ラーニングの導入促進」という取り組みが選出されている。

今年１月、ＡＩ活用の先進的な教育が評判になっている都内の中学校が公開授業を開催し、外部者がその授業風景をみる機会を提供したが、その教室内には、大橋氏と同銀行の地方創生グループ長である西尾明浩氏の姿があった。

2人は生徒が手にしているタブレット端末を自身でも使ってみて、その精度を確認し、その効果や費用負担などを学校側やシステムの開発者に熱心にヒアリングしていた。それは地元の教育への熱い思いの表れである。

伊藤氏や大橋氏などについて、地域銀行で働く全国の若手銀行員に話すと、彼らは非常に興味深く、その内容に聞き入る。なぜか。答えは明確である。

彼らの多くは、地域のために資する取り組みができることを期待して、地域銀行に挑戦し入社しているからだ。彼らの心情がこれらの取り組みに共鳴していると言っていい。

銀行は数多くの店舗を設置している。そして、各店舗が自身の店周をマーケットとしている。店周マーケットはそれぞれ、課題を抱えているし、そこで生活する居住者、事業を営む事業者が悩みを抱えている。銀行は店舗ネットワークという末端神経を通じて、それらの課題、悩みをどれだけ敏感に感じ、吸い上げられるかが問われている。

ところが、営業店と本部の距離は遠すぎて、しかも、顧客から営業店、そして、本部へと伝わるべき情報のルートは逆流して、本部から営業店、そして、顧客へのプロダクトアウト的発想のセールスルートとなっているのではないか。その象徴が過剰な営業目標であり、その下で行なわれている押し付け的な販売である。

地銀の非上場化も手段のひとつ

2018年末、ある県でこども食堂などを運営している母子家庭の相互支援サークルを久しぶりに訪問した。この団体はとにかく、「食」の確保が重要であるということで、県内の耕作放棄地を借り上げて、加入している母子、そして、ボランティアたちで農業も始めている。その中心人物の彼女はこう嘆いた。

「地元の銀行に運営資金のことで相談に行ったら、貧困問題に取り組む東京の団体に寄付しているからそこに行けと言われ、その団体に行ったら、あなたの県だけを特別扱いはできないと言われた。なぜ、地元の銀行は直接、地元の私たちに力を貸してくれないのか」

これは、かなり滑稽であり、不幸な話である。社会貢献はいいが、その地域銀行は自身の足下を疎かにしているからだ。そこで私は、同県ながらこの団体が活動している地域とは別の地域で、ひとり親家庭などの問題に熱心に取り組んでいる信用組合に相談に行けば、と勧めた。その信組は、給付型奨学金もやっているし、そのような団体への低利融資にも取り組んで、団体の運営を積極的に支援している。

地域銀行は地域で絶大な規模を誇っている。その規模は信用力を生んでいるが、反面、その規模の大きさへの執着が地域への密着や地域で起きている出来事への感度を鈍らせていないのか。規模の追求ばかりに走り過ぎて、地域を見る目が濁ってはいないか。

もし、そうであれば、自身を地域分割して、現場と本部の距離、地域と銀行の距離を狭めて、地域の喜怒哀楽をビビッドに感じられる組織へと変えればいい。

わが国では経営統合の法制もあるが、企業分割法制もある。法的に分割せずとも、社内カンパニー制によって疑似分割するアプローチもあるだろう。

厳しい変化の時代を生き抜くために必要な条件は、何よりも自身のレーゾンデートルを確認し、足場を固めることだろう。それが金融庁も求めている「持続可能なビジネスモデルの構築」にほかならないと思う。それに資本市場のメカニズムが合致しないならば、株式上場など取りやめて自らを非上場化してもいい。それでも、企業価値は変わらないだけの信用力が地域銀行にはある。

いや、「いまのところはある」と言ったほうが妥当かもしれない。なぜならば、地域に頼られないようになれば、信用力は意味を失うからである。

どのような経営環境の下であろうと、地域金融機関の命運を握っているのは地域金融機関自らだ。それを体現している信金・信組をみれば、それは歴然としている。

おわりに

　どこにも所属せずに取材しているフリーの記者にとって、悩ましいことがある。自分が興味を抱いて取材しても、それに共感するメディアが現れない限り、記事に仕上げられないという現実である。おまけに、時代遅れの記者なので、自分のブログに書くなどという芸当は身についていない。

　近年、地域金融機関の取材を意識的に続けてきた。問題はやはり、共感するメディアが現れるのかどうかだった。すると、毎日新聞出版の『週刊エコノミスト』編集部から「地域金融機関の連載をしないか」という提案を頂いた。もちろん、即座に飛びついた。

　とにかく、地域金融機関は話題が豊富である。なかでも、信用金庫、信用組合という協同組織金融機関はさまざまな取り組みをやっている。じつに面白い。

　本書では紹介できなかったが、たとえば、新潟県の糸魚川《いといがわ》信用組合は「まちの存亡は、いとしんの存亡」という言葉を掲げて、地域おこしに動き回ってきた。そこに発生したのが2016年12月22日の大火である。街の中心部の147棟が焼損した。同信組は直ちに立ち上がり、クラウドファンディングやイベントなど、あの手この手の復興策を続けている。

山梨県の都留《つる》信用組合は、基幹産業である織物業の衰退を危惧し、新たな産業の創出を考え続け、いま、高級イチゴ栽培に注力している。それも、率先垂範型である。自社の関連会社でイチゴ栽培を始めて、そのノウハウを取引先企業に提供する取り組みだ。JAを除けば、おそらく、農業を営む唯一の金融機関である。

大阪府の大阪シティ信用金庫は、シャッター街化の恐れがある地元商店街と全国の自治体を結びつけて、地方の特産物の知名度アップと商店街の活性化を一挙に実現する試みを続けている。

このように数多くの信金・信組が過去の発想にとらわれない地域活性化に挑んでいる。おそらく、それをすべて紹介するだけで一冊の書籍になるに違いない。

本文でも取り上げたように、内閣官房の「まち・ひと・しごと創生本部事務局」が毎年公表している「地方創生に資する金融機関等の『特徴的な取組事例』」は、まさにその取り組みを紹介している。

もちろん、そこには地域銀行の興味深い事例も数多い。近年、地域銀行は経営状況の厳しさばかりが報じられているが、ここに選ばれた事例をみると、地域銀行の底ヂカラを実感する。

地元社会における自身のパワーの凄さを再認識し、自己改革に挑めば、地域銀行は逆風も突破できると信じている。もとより、金融業は「問題解決業」であるのだから、その力を発揮できるはずである。そのために変革すべきことを変革すればいいと思う。

最後に、取材に快く応じて協力してくださった地域銀行、信金・信組の各業界関係者の方々、金融庁、内閣官房の関係者に心からの御礼を申し上げたい。

また『週刊エコノミスト』の金山隆一前編集長をはじめ編集部の方々、そして本書を企画・編集いただいたＰＨＰ研究所の大隅元副編集長、整理・校正担当のみなさんに感謝する。

PHP
Business Shinsho

浪川 攻（なみかわ・おさむ）
1955年、東京都生まれ。上智大学卒業後、電機メーカー勤務を経て記者となる。金融専門誌、証券業界紙を経験し、1987年、株式会社きんざいに入社。『週刊金融財政事情』編集部でデスクを務める。1996年に退社後、金融分野を中心に取材・執筆。月刊誌『Voice』の編集・記者、1998年に東洋経済新報社と記者契約を結び、2016年にフリーとなって現在に至る。著書に『金融自壊――歴史は繰り返すのか』『前川春雄「奴雁」の哲学』（以上、東洋経済新報社）、『銀行員はどう生きるか』（講談社現代新書）など。

本文デザイン・DTP：桜井勝志（アミークス）

PHPビジネス新書 404

地銀衰退の真実
未来に選ばれし金融機関

2019年5月10日　第1版第1刷発行

著者　浪川 攻
発行者　後藤淳一
発行所　株式会社PHP研究所
東京本部　〒135-8137　江東区豊洲5-6-52
第二制作部ビジネス課　☎03-3520-9619（編集）
普及部　☎03-3520-9630（販売）
京都本部　〒601-8411　京都市南区西九条北ノ内町11
PHP INTERFACE　https://www.php.co.jp/
装幀　齋藤 稔（株式会社ジーラム）
印刷所　共同印刷株式会社
製本所　東京美術紙工協業組合

ISBN978-4-569-84285-1

「ＰＨＰビジネス新書」発刊にあたって

わからないことがあったら「インターネット」で何でも一発で調べられる時代。本という形でビジネスの知識を提供することに何の意味があるのか……その一つの答えとして「**血の通った実務書**」というコンセプトを提案させていただくのが本シリーズです。

経営知識やスキルといった、誰が語っても同じに思えるものでも、ビジネス界の第一線で活躍する人の語る言葉には、独特の迫力があります。そんな、「**現場を知る人が本音で語る**」知識を、ビジネスのあらゆる分野においてご提供していきたいと思っております。

本シリーズのシンボルマークは、理屈よりも実用性を重んじた古代ローマ人のイメージです。彼らが残した知識のように、本書の内容が永きにわたって皆様のビジネスのお役に立ち続けることを願っております。

二〇〇六年四月

ＰＨＰ研究所

PHPビジネス新書

サラリーマン副業2.0

人生が好転する「新しい稼ぎ方」

小林昌裕 著

副業本格化！　できるビジネスパーソンはなぜ、副業をするのか。ウーバーイーツ、アマゾン物販、ソーシャルレンディング……。「稼げる」副業と具体的方法がまるわかり！

定価　本体八九〇円（税別）

PHPビジネス新書

「米中関係」が決める5年後の日本経済

新聞・ニュースが報じない貿易摩擦の背景とリスクシナリオ

渡邉哲也 著

気鋭の経済評論家が、米中対立を基軸にした世界経済の潮流と日本経済への影響&対策について、国内メディアが〝ツッコまない〟50の疑問に答える。

定価 本体八九〇円（税別）